tudo é história

71

Eni de Mesquita Samara

A FAMÍLIA BRASILEIRA

Copyright © by Eni de Mesquita Samara, 1983

*Nenhuma parte desta publicação pode ser gravada,
armazenada em sistemas eletrônicos, fotocopiada,
reproduzida por meios mecânicos ou outros quaisquer
sem autorização prévia do editor.*

ISBN: 85-11-02071-3
4ª edição, 1993
2ª reimpresão, 2004

**Dados Internacionais de Catalogação na Publicação (CIP)
(Câmara Brasileira do Livro, SP, Brasil)**

Samara, Eni de Mesquita
    A família brasileira / Eni de Mesquita Samara. –
São Paulo : Brasiliense, 2004. – (Coleção tudo é história ; 71)

    2ª reimpr. da 4. ed. de 1993.
    ISBN 85-11-02071-3

    1. Brasil - Condições sociais - Século 18 - História
2. Brasil - Condições sociais - Século 19 - História 3. Família -
Brasil - Século 18 - História 4. Família - Brasil - Século 19 -
História I. Título. II. Série

04-1992   CDD-306.850981

Índices para catálogo sistemático:
1. Brasil : Século 18 : Relações familiares :
    História : Sociologia   306.850981
2. Brasil : Século 19 : Relações familiares :
    História : Sociologia   306.850981

editora brasiliense s.a.
Rua Airi, 22 - Tatuapé - CEP 03310-010 - São Paulo - SP
Fone/Fax: (0xx11) 6198-1488
E-mail: brasilienseedit@uol.com.br
www.editorabrasiliense.com.br

livraria brasiliense s.a.
Rua Emília Marengo, 216 - Tatuapé - CEP 03336-000 - São Paulo - SP
Fone/Fax (0xx11) 6675-0188

ÍNDICE

Introdução 7
Sobre o conceito de família patriarcal 10
O reverso da moeda: a família paulista 17
A família em questão: celibato e casamento ... 41
O mito da mulher submissa e do marido dominador 57
Novas imagens da família: divórcios e separações 67
Considerações finais 82
Indicações para leitura 86

INTRODUÇÃO

Nos últimos dez anos, historiadores têm-se voltado para o estudo sistemático da família, penetrando em um campo anteriormente praticamente limitado a trabalhos de antropólogos e sociólogos.

Essa preocupação se justifica, dada a importância do tema para se entender a natureza das sociedades, tanto no presente como no passado, levando-se em conta que a família é uma instituição social fundamental, de cujas contribuições dependem todas as outras instituições.

Especificamente no caso brasileiro, o assunto só recentemente tem sido objeto de reflexão, apesar do papel relevante desempenhado pela família na História do Brasil, desde o início do período colonial.

De acordo com a literatura, a família brasileira seria o resultado da transplantação e adaptação da família portuguesa ao nosso ambiente colonial, tendo gerado um modelo com características patriarcais e tendências conservadoras em sua essência.

Esse modelo genérico de estrutura familiar, denominado comumente de "patriarcal", serviu de base para se caracterizar a família brasileira. Tal concepção de família, explorada por estudiosos como Gilberto Freyre e Oliveira Vianna, permaneceu tradicionalmente aceita pela historiografia como representativa, estática e praticamente única para exemplificar toda a sociedade brasileira, esquecidas as variações que ocorrem na estrutura das famílias em função do tempo, do espaço e dos grupos sociais.

Por outro lado, estudos e pesquisas mais recentes têm tornado evidente que as famílias "extensas do tipo patriarcal" não foram as predominantes, sendo mais comuns aquelas com estruturas mais simplificadas e menor número de integrantes. Isso significa que a descrição de família apresentada por Gilberto Freyre como característica das áreas de lavoura canavieira do Nordeste foi impropriamente utilizada para identificar a família brasileira de modo geral.

Em vista disso, após essa caracterização inicial, fez-se uma ligação pouco pertinente entre o conceito de família "patriarcal", que passou a ser usado como sinônimo de família brasileira. Do mesmo modo, a família brasileira passou a ser identificada, *a priori*, como uma família "extensa".

A família patriarcal, entretanto, assumiu configurações regionalmente diferentes e mudou com o tempo. Quando e como foi substituída por outros tipos de família? Que outros modelos permitem identificar melhor a família brasileira? Seria essa família realmente extensa?

Esse trabalho procura basicamente responder a essas questões, assim como analisar outros aspectos que decorrem do mesmo problema. Por isso, dedicamos uma parte ao casamento, procurando verificar a parcela da população que realmente optava por constituir famílias legítimas.

Por outro lado, a ênfase dada à família do tipo patriarcal logicamente ajudou a conceber o mito da mulher submissa e do marido dominador que também estará em debate através da análise do casamento e do divórcio.

Essa gama variada de problemas nos levou a recorrer aos documentos manuscritos da época (Testamentos, Recenseamentos da População e Processos de Divórcio). Ainda por tratar-se de um tema complexo e inédito, sempre que possível, procuraremos comparar o quadro geral da família brasileira com os dados reunidos a partir da documentação específica à família paulista durante o século XIX.

SOBRE O CONCEITO DE FAMÍLIA PATRIARCAL

Segundo a literatura, no Brasil desde o início da colonização as condições locais favoreceram o estabelecimento de uma estrutura econômica de base agrária, latifundiária e escravocrata. Essa situação, associada a vários fatores, como a descentralização administrativa local, excessiva concentração fundiária e acentuada dispersão populacional, provocou a instalação de uma sociedade do tipo paternalista, onde as relações de caráter pessoal assumiram vital importância.

A família patriarcal era a base desse sistema mais amplo e, por suas características quanto a composição e relacionamento entre seus membros, estimulava a dependência na autoridade paterna e a solidariedade entre os parentes.

De acordo com esse modelo, a família brasileira, no período colonial, apresentava uma feição complexa, incorporando ao seu núcleo central componentes de várias origens, que mantinham diversos tipos de relações com o dono da casa, sua mulher e prole legítima. Assim, todos viviam juntos sob um mesmo teto.

Na periferia da família patriarcal apareciam, portanto, diversos indivíduos ligados ao proprietário, por laços de parentesco, trabalho ou amizade, que, por sua vez, definiam a complexidade do modelo, pois a composição do núcleo central estava, até certo ponto, bem delimitada.

A anexação de outros elementos, como filhos ilegítimos ou de criação, parentes, afilhados, expostos, serviçais, amigos, agregados e escravos, é que conferia à família patriarcal uma forma específica de organização, já que a historiografia utiliza o conceito de família patriarcal como sinônimo de família extensa.

Concentrando em seu seio as funções econômico-sociais mais importantes, a família desempenhou um papel fundamental na sociedade colonial, aparecendo também como solução para os problemas de acomodação sócio-cultural da população livre e pobre.

Localizada, nos primeiros séculos da nossa história, principalmente no ambiente rural, dispersa pelos latifúndios monocultores, condicionou seus membros a uma certa trama de relações aparentemente estáveis, permanentes e tradicionais. Nesse contexto era quase uma contingência para os indivíduos de se incorporarem às famílias ou grupos de parentesco, que funcionavam ao mesmo tempo como organizações defensivas e centros de propulsão econômica.

O chefe da família ou do grupo de parentes cuidava dos negócios e tinha, por princípio, preservar a linhagem e a honra familiar, procurando exercer sua autoridade sobre a mulher, filhos e demais dependentes sob sua influência.

Isso significa que, na monotonia da vida colonial voltada para o lar e impregnada por esse familismo, o retrato da família traçado por Capistrano de Abreu parece adequado: "pai soturno, mulher submissa, filhos aterrados".

A casa-grande foi o símbolo desse tipo de organização familiar que se implantou na sociedade colonial, sendo o núcleo doméstico para onde convergia a vida econômica, social e política.

Segundo essa concepção, a Igreja, o Estado e as instituições econômicas e sociais eram afetados e até muitas vezes controlados pela influência e preponderância de certas famílias ao nível local.

Essa descrição de família explorada por estudiosos como Gilberto Freyre e Oliveira Vianna, embora característica para a sociedade colonial circunscrita ao ambiente rural, desde que aceita pela historiografia foi utilizada como um exemplo válido para toda a sociedade brasileira. Dessa maneira confundiram-se aí vários conceitos: o de família brasileira, que passou a ser sinônimo de patriarcal, e mesmo o de família patriarcal, que passou a ser usado como sinônimo de família extensa. Nessa mesma perspec-

A Família Brasileira

tiva, ainda genericamente falando, família e parentela passam a ter um significado comum.

A análise estrutural desse mesmo modelo vem, portanto, confirmar o que acima foi exposto, permitindo vigorar o consenso de que a família brasileira era uma vasta parentela que se expandia, verticalmente, através da miscigenação e, horizontalmente, pelos casamentos entre a elite branca.

Assim, a sua composição apresentava de uma forma simplificada uma estrutura dupla: um núcleo central acrescido de membros subsidiários.

O núcleo central era composto pelo chefe da família, esposa e legítimos descendentes (filhos e netos por linha materna ou paterna).

A estrutura da camada periférica era menos delineada, pois a absorção de membros subsidiários (parentes, filhos ilegítimos ou de criação, afilhados, amigos, serviçais, agregados e escravos) é que tornava esse modelo complexo, já que uma mesma unidade domiciliar agrupava componentes de várias origens.

Incorporando ainda as fileiras da família patriarcal ou extensa e sob sua influência, por razões econômicas, políticas ou laços de compadrio, estavam os vizinhos (pequenos sitiantes, lavradores e roceiros) e os trabalhadores livres e migrantes.

Esses últimos grupos, embora vivendo fora da casa-grande, podem ser considerados como parcelas da camada periférica, na medida em que projetavam em alguns níveis os mesmos tipos de laços de dependência e solidariedade existentes entre os dois primeiros.

A anexação desses elementos e a manutenção de relações entre seus diversos componentes estavam basicamente relacionadas com laços de sangue, parentesco fictício e um complexo sistema de direitos e deveres. Dada a sua importância, a vinculação a esses agrupamentos permitia uma maior participação política, social e econômica na ordem paternalista.

E se por um lado para esses indivíduos era interessante procurar a proteção de uma família, para o patriarca também era importante a sua manutenção, que significava projeção política em um tipo de sociedade em que o prestígio era medido pela quantidade de pessoas sob sua influência. Cabia, portanto, estar cercado de parentes, amigos, afilhados, agregados e escravos e manter um vasto círculo de aliados.

Esse modelo de estrutura familiar necessariamente enfatizava a autoridade do marido, relegando à esposa um papel mais restrito ao âmbito da família. As mulheres depois de casadas passavam da tutela do pai para a do marido, cuidando dos filhos e da casa no desempenho da função doméstica que lhes estava reservada. Monocultura, latifúndio e mão-de-obra escrava reforçavam essa situação, ou seja, a da distribuição desigual de poderes no casamento, o que conseqüentemente criou o mito da mulher submissa e do marido dominador, também impropriamente usado como válido para toda a sociedade brasileira até o século XIX.

A família extensa ou patriarcal, entretanto, as-

A Família Brasileira 15

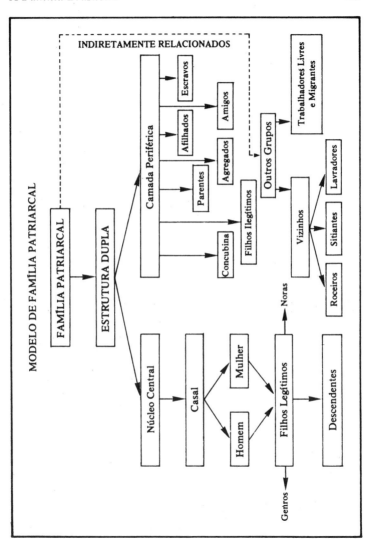

sumiu características diferentes, regionalmente, e mudou com o tempo. Quando e como foi substituída por outros tipos de família? Que outros modelos coexistiram com o patriarcal na sua forma tradicional? Que variações ocorreram nos papéis masculino e feminino em função dessas modificações?

Numa análise mais criteriosa, mesmo os trabalhos "clássicos" de Gilberto Freyre e Oliveira Vianna, dedicados à família rural brasileira pertencente às camadas abastadas, ressaltam as variações quanto a estrutura e valores em função do tempo, espaço e respectivos grupos sociais.

Assim, Oliveira Vianna mostra uma nítida distinção entre a organização das famílias de ricos e pobres, já que predominavam entre esses últimos as ligações transitórias e os concubinatos, o que, segundo o autor, servia para enfraquecer a autoridade paterna.

Por outro lado, trabalhos monográficos recentes mostraram a predominância, para os séculos XVIII e XIX, de famílias com estruturas mais simplificadas e menor número de componentes. Tal fato, entretanto, parece não ter alterado a intensidade das relações familiares e a importância da família como unidade social básica no decorrer desse período.

Isso significa que, ao estudar a família brasileira, devemos levar em conta esses vários aspectos mencionados, especialmente no que tange à institucionalização do termo família patriarcal ou extensa como sinônimo de família brasileira.

O REVERSO DA MOEDA:
A FAMÍLIA PAULISTA

As famílias extensas, compostas de casais com muitos filhos, parentes, escravos e agregados, da forma como é descrita pela historiografia, não foi o tipo predominante em São Paulo. É o que pudemos perceber pelos dados compilados nos recenseamentos e nos testamentos referentes ao século passado.

Nesta tendência à simplificação observamos que mesmo o número médio de pessoas por cada casa é pequeno, ou seja, entre um e quatro elementos na maioria dos casos.

Isso significa que eram mais comuns as famílias com estruturas mais simples e poucos integrantes.

Compondo um quadro geral da família paulista, constatamos que as extensas ou do tipo "patriarcal" eram apenas uma das formas de organização familiar e não chegavam a representar 26% dos domicílios. Nos demais, ou seja, em 74% das casas, predominavam outras formas de composição, o que significa que famílias extensas eram representativas apenas de um segmento da população.

Nota-se também uma transformação no conceito de família extensa, pois embora escravos e agregados aparecessem com freqüência nos domicílios, por outro lado encontramos apenas um pequeno número de membros subsidiários ligados por parentesco, trabalho ou amizade ao proprietário.

Por isso, a família paulista do passado (especialmente dos séculos XVIII e XIX) não apresentava as mesmas características de composição se comparadas às encontradas nas áreas de lavoura canavieira do Nordeste brasileiro do período colonial. Concluímos, portanto, pela ineficácia de se utilizar um conceito genérico como adequado para representar a sociedade brasileira como um todo.

À vista desses dados procuraremos justificar a seguir as razões que levaram a família paulista a apresentar essas características e simultaneamente estarão sendo analisados os aspectos específicos da sua organização.

* * *

O celibato, dada a sua alta freqüência, pode ser um primeiro aspecto a ser considerado, já que alterou sensivelmente a organização familiar dos paulistas.

Veja-se, por exemplo, que um levantamento criterioso nos recenseamentos comprovou que o lugar

A Família Brasileira

habitualmente ocupado pelo casal foi inúmeras vezes substituído por homens ou mulheres solteiros que viviam solitários ou com seus filhos ilegítimos. Isso comprova também uma certa resistência aos casamentos, que realmente eram uma opção apenas para uma parte da população, como analisaremos em capítulo posterior.

Na maioria dos casos, o indivíduo solteiro, ao invés de trazer para sua casa parentes ou afilhados, procurava se cercar de escravos e agregados. Tal quadro contrapõe-se à idéia de que membros de uma mesma família permaneciam sempre que possível unidos sob um mesmo teto.

Por isso, é mais fácil encontrarmos indivíduos solteiros vivendo com escravos e agregados do que com seus próprios parentes.

O celibato ao lado do concubinato dá, portanto, uma nova tônica à dinâmica das relações familiares, já que a sociedade paulista concentrou uma trama complexa de relações que se desenvolviam fora do âmbito familiar.

Nesse sentido celibato e concubinato, se analisados conjuntamente, justificam uma maior incidência de crianças ilegítimas.

Embora o fenômeno da ilegitimidade seja praticamente incontável, é possível reconstituir ainda uma parte desse quadro: apenas para se ter uma idéia desse montante, vejamos que em 1836 dos 503 proprietários solteiros, 140 tinham em média até 4 filhos naturais.

Neste ponto a sociedade paulista não constitui

uma exceção, pois sabemos que filhos ilegítimos eram comuns na sociedade brasileira desde o início do período colonial.

A partir desta última constatação tornou-se corrente a idéia de que havia uma certa tolerância com relação ao problema, o que possibilitava uma adequação quase natural desses indivíduos à ordem econômica e social, o que também deve ser repensado para a sociedade brasileira como um todo.

Em decorrência, as sociedades do tipo paternalista possibilitariam a absorção desses elementos no seio das próprias famílias. Crianças ilegítimas, reconhecidas ou não, seriam normalmente protegidas por seus pais ou parentes. A família cumpriria então a finalidade máxima de congregar no seu âmbito diferentes elementos, ligados a ela por parentesco, trabalho ou amizade.

Assim, as memórias, os depoimentos e as genealogias foram sempre unânimes em afirmar a presença de famílias numerosas, com muitos filhos legítimos e ilegítimos. A exaltação do homem procriador contribuiu sobremaneira para o delineamento desse quadro, existindo, ao lado da família legítima, uma outra, constituída pelas concubinas e bastardos.

Por outro lado, o desconhecimento de métodos de prevenção da gravidez provocou alterações no índice de natalidade aumentando a proporção de crianças ilegítimas.

A par da alta incidência da ilegitimidade e da freqüência do concubinato, o que se nota em São Paulo é que não coexistem numa mesma casa a es-

Cabia, portanto, estar cercado de parentes, amigos, afilhados, agregados e escravos e manter um vasto círculo de aliados.

posa e a concubina. Esta última provavelmente vivia separada com a sua prole mesmo quando mantida pelo branco proprietário.

Este é mais um dado a ser lembrado quando entra em discussão a questão da complexidade na estrutura das famílias que, face a essa cisão, apresentavam maior tendência à simplificação, o que não excluía a possibilidade de miscigenação entre brancos, negros e mulatos.

Pelo que se pode perceber a sociedade paulista concentrou uma trama complexa de relações que não se desenvolviam no âmbito da família, mas fora dela. A ilegitimidade, vista a partir desse contexto onde proliferavam os concubinatos e o próprio celibato, pode ser encarada como um acontecimento normal, o que não significa que houvesse tolerância para indivíduos com marca de bastardia. Face a essas circunstâncias, verificamos que havia graus diferentes de aprovação na escala social. A absorção desses indivíduos estava na dependência da posição sócio-econômica ocupada pelo pai. Importava também o desejo de reconhecer o filho natural, protegendo-o em vida ou em testamento.

Para elucidar essa questão, são bastante significativos os depoimentos deixados pelos próprios filhos naturais, que embora conhecendo a sua própria origem diziam não poder revelar a própria ascendência. Nestes casos eram geralmente educados e criados por estranhos, que incumbiam-se dessa tarefa já que os pais tinham que ocultá-los dos parentes e amigos. Tal fato constata a existência de uma reprovação familiar e mesmo social quanto ao problema.

Por tudo isso se conclui que filhos ilegítimos nem sempre permaneciam junto a seus pais e muitas mães não assumiam essa responsabilidade, conservando-os longe da sua própria casa ou mesmo os expondo à caridade pública. A Roda da Santa Casa é um exemplo típico.

A articulação social desses indivíduos estava também na dependência do maior ou menor embranquecimento, já que o preconceito de cor sobrepujava o da ilegitimidade. Por isso, existiam possibilidades de bons casamentos e ocupações dignas para pessoas com marca de bastardia, desde que brancos ou mulatos claros.

A aprovação social e familiar dependia dos interesses econômicos que estavam em jogo. Na divisão da herança, por exemplo, os ilegítimos eram naturalmente lembrados, desde que não concorressem com os legítimos. Assim, verificamos que as esposas apenas acobertavam em suas casas os filhos naturais dos maridos quando o casal não tivesse filhos ou mesmo herdeiros legítimos. Nestes casos podiam participar livremente da partilha do patrimônio, desde que reconhecidos.

Percebe-se, portanto, que em situações desse tipo não estavam envolvidos apenas indivíduos solteiros. Homens e mulheres casados ou mesmo separados reconheciam freqüentemente em testamento a sua prole natural, havida quando solteiros ou na constância do matrimônio.

Assim, Maria Rosa das Dores declarava que se

casou com Agostinho José "tendo a idade de dezesseis anos; deste matrimônio tivemos três filhos de nomes Delfina, que hoje se acha casada em Valença com Manoel de Tal, Jesuína, casada com Benedito de Tal, e José, que faleceu de idade de quatro anos. Meu marido conservou-me em sua companhia por espaço de seis anos mais ou menos e depois abandonou-me, e separou-se até hoje, como se não fôssemos casados, e neste estado tenho vivido a vinte e tantos anos; vendo-me assim desamparada tive por fragilidade humana três filhos, de nomes Francisca, Benedita e Adelaide, e vivem em minha companhia, dando-lhes com a minha pobreza a educação que possuo" (*Testamentos*, São Paulo).

Celibatários convictos também deixaram bens para seus filhos brancos ou mestiços, fruto de uniões esporádicas, sendo inúmeros os depoimentos encontrados a respeito do assunto. Vejamos a seguir um relato contido num testamento escrito em 1852:

"Declaro que sou solteiro, e os que podiam ser meus herdeiros sucessórios como ascendentes em falta de descendentes legítimos são a muito falecidos. Tive e tenho nove filhos naturais que reconheço como meus, a saber: João e Gualdenia, havidos por cópula com Joaquina Justiniana; e Anna Eufrosina, Joana Batista, Maria do Carmo, José e Joaquim, todos havidos do mesmo modo de Maria Jacintha" (*Testamentos*, São Paulo). Abandonado pela segunda companheira, o testador, que possuía 7 casas na cidade de São Paulo, além de uma chácara com escravos, deixa como herdeiros seus filhos naturais, tornando claro que Maria Jacintha, por não viver mais em sua companhia, não teria nenhum direito a receber parte do legado.

Aos filhos nascidos de mães escravas cuidava sempre o pai de libertá-los por ocasião do testamento, processo que vai se acentuando a partir de 1840. Quando não eram alforriados ainda em vida alcançavam esse "benefício" por morte do pai.

Para que os filhos naturais tivessem direito a herança deveriam ser reconhecidos em testamento ou por escritura pública, pois em contrário seria impossível a participação na partilha. Na eventual morte do pai, sem o reconhecimento, esta participação seria possível movendo-se uma ação de comprovação de paternidade, processo normalmente moroso e complexo.

Por tudo isso nota-se que na sociedade paulista existe o preconceito com relação ao filho bastardo, especialmente quando este tem possibilidades de concorrer à herança. Assim são freqüentes as intervenções dos familiares nos casos de reconhecimento paterno. Essa situação é clara quando o testador, num primeiro documento, beneficia os herdeiros legítimos e aparece em seguida um outro testamento, anulando secretamente o primeiro, e desta feita reconhecendo os seus filhos bastardos.

É o caso de um rico lavrador que escreveu dois testamentos. No primeiro deixava como herdeiros alguns parentes e afilhados e no outro, datado de 22 de janeiro de 1838, anulava as disposições anteriores, reconhecendo seus oito filhos naturais, conforme aparece no translado da escritura: "Declarou ele outorgante que era filho legítimo do Sargento-Mor José de Souza, e de sua mulher Maria Assumpção, ambos falecidos, que era natural e morador da vila de Parnaíba, solteiro, em cujo estado se tem conservado até hoje, e que tem oito filhos naturais os quais são seus herdeiros, a saber: Joaquim, Melchior, Manoel, Antônio, Ana e Maria, estes tidos com Andreza Maria de Jesus, já falecida; Benedito, tido com Paula, escrava do Capitão Antônio Pedroso da Cunha; e Gertrudes, hoje casada com Antônio Joaquim Leme" (*Testamentos*, São Paulo).

A análise da ilegitimidade na sociedade paulista nos levou a concluir que, embora proliferassem os concubinatos, a tolerância para com a bastardia era mais aparente que real e estava na dependência de vários fatores de natureza econômica, racial, familiar e moral. Isso significa uma primeira ruptura naquela imagem composta a partir da historiografia, que apresentava a família patriarcal congregando em seu seio, ao mesmo tempo, esposa e concubina, filhos legítimos e bastardos.

O número de filhos é um segundo aspecto a ser considerado ao analisarmos a estrutura familiar dos paulistas, já que devido a sua pequena proporção entre os casais alterou o quadro dado como característico para as famílias brasileiras. De modo geral predominava o pequeno número de filhos, mesmo se levarmos em conta casais dos vários grupos sociais e raciais.

Em 1836, dentre 1 449 chefes de domicílio (con-

A Família Brasileira

siderando-se aqui os solteiros, casados, viúvos e divorciados), 673 (46,4%) não tinham filhos; 227 (15,7%) tinham 1; e apenas 141 (9,8%) tinham mais de 5 filhos.

O panorama é praticamente o mesmo se reconstituirmos o número de filhos dentre os casados na mesma data. De um total de 661 chefes de domicílio casados, 201 (29,9%) não tinham filhos; 119 (18%) tinham 1; e apenas 102 (15,4%) tinham mais de 5 filhos.

Esses índices surpreendem se pensarmos que a fertilidade da mulher brasileira parece ter sido sempre um assunto indiscutível, o que compensava inclusive a alta taxa de mortalidade infantil. Na sociedade colonial, já que a mulher era educada para assumir os papéis de esposa e mãe, desta, quando casada, esperava-se que tivesse um filho atrás do outro. Muitos já nasciam mortos ou faleciam antes de completar um ano e essa sucessão de partos contribuía sobremaneira para a decadência física da mulher e o seu envelhecimento precoce.

No entanto, mesmo se considerarmos a alta taxa de mortalidade infantil, o número de filhos para cada casa na cidade de São Paulo ainda é pequeno, o que contrasta com a idéia genérica de famílias numerosas.

Várias são as razões apontadas para explicar a alta incidência da mortalidade infantil, que passa a ser encarada como um acontecimento quase natural e que atingia os filhos de ricos e pobres, assim como de livres e cativos.

As crianças, quando não morriam ao nascer, dificilmente chegavam aos cinco anos de vida, por falta de tratamento adequado do cordão umbilical, vestuário e alimentação impróprios e o desprezo pelas moléstias da primeira infância. Todos esses motivos somados à falta de higiene, às más condições das habitações e mesmo à sífilis eram responsáveis pelo grande número de crianças mortas precocemente.

Além disso ainda existia o costume de se utilizar amas-de-leite para amamentar os recém-nascidos, prática adotada na Europa e transferida para o Brasil. As senhoras mais ricas habitualmente não amamentavam os seus filhos e as escravas se prestavam a serviços dessa natureza. No século XIX também são utilizadas amas-de-leite pagas, que chegavam a custar 36 mil-réis, quantia considerável na época.

Outra causa das mortes prematuras era a utilização de parteiras, atividade exercida precariamente por brancas, negras e caboclas desde os tempos coloniais e que, além de partejarem, curavam doenças ginecológicas por meio de bruxedos, rezas e benzeduras.

A tudo isso somava-se o despreparo das mulheres, que segundo os depoimentos da época casavam cedo e não estavam aptas para assumir o matrimônio e a procriação.

Embora seja válido afirmar que as mulheres eram principalmente educadas para assumir os papéis de esposa e mãe, isso não significa que todas tenham-se casado sempre muito cedo.

Na cidade de São Paulo, por exemplo, é pequena a incidência de casais muito jovens: dos 661 casados, apenas 48 tinham menos de 20 anos e desses 37 ainda não tinham filhos.

Tal constatação não exclui totalmente a possibilidade de casamentos precoces, já que no recenseamento de 1836 as idades das esposas variaram de 14 a 89 anos e as dos maridos de 16 a 97.

No entanto, independentemente dos casais casarem ou não precocemente, é relevante considerarmos que predominavam nas diferentes faixas etárias as proles reduzidas. E esse é um dado real a computar.

Além do pequeno número de filhos, o que tornava a estrutura das famílias mais simplificada era o fato de muitos deles deixarem a casa paterna por diferentes razões. A maior parte dos filhos quando casavam iam constituir sua própria família em um domicílio independente. Por isso, são poucos os casais que agregavam filhos casados, genros, noras ou netos.

Notamos também que a mobilidade espacial da população alterava freqüentemente a composição das famílias. Maridos se ausentavam por motivos econômicos, filhos casados passavam a ter sua própria residência e mesmo filhos menores saíam de casa para aprender um ofício. Por isso, talvez, seja impossível caracterizar a família paulista como uma família extensa do tipo patriarcal, já que a trama de relações não se definia dentro da mesma estabilidade que devia ocorrer nas propriedades de lavoura canavieira do Nordeste.

Em São Paulo, tais situações parecem mais características de uma área urbana em formação, se pensarmos que algumas zonas rurais paulistas apresentavam sempre maior tendência a concentrar numa mesma propriedade os membros da família, especialmente nas pequenas lavouras onde a falta de braços condicionou a família a trabalhar unida, possibilitando uma maior absorção dos integrantes mesmo quando casados.

A partir desta dicotomia podemos estabelecer uma regra geral para a sociedade paulista, já que de modo geral predominavam os casais com pequeno número de filhos e mesmo dentre esses aqueles com filhos solteiros. No caso de permanecerem os filhos casados, preferencialmente ficavam as mulheres, muitas vezes cuidando dos pais na velhice e na doença e zelando pelos seus interesses e negócios.

Em resumo, percebemos que as famílias eram em sua maioria nucleares, com poucos filhos, mesmo se considerarmos que interfeririam nesse quadro fatores como: mobilidade espacial da população e alta taxa de mortalidade infantil.

Mesmo levando em conta as variáveis raça, estado civil e sexo dos chefes de domicílio, esse panorama não chegou a apresentar grandes alterações. Algumas variações foram encontradas quanto à localização dos fogos, predominando nas áreas mais voltadas para a agricultura casais com uma prole mais numerosa, embora o número de filhos sempre fosse menor que o esperado.

Se a maioria das famílias eram nucleares, é natural que a pequena proporção de membros subsi-

A Família Brasileira

diários (parentes, amigos e afilhados) tenha levado a família paulista a apresentar uma estrutura mais simplificada.

Isso significa que, apesar da manutenção das relações familiares e dos laços de solidariedade típicos, os parentes, amigos ou mesmo afilhados não apareciam com freqüência junto às famílias locais.

Se a presença de filhos casados, genros, noras e netos não era comum, ainda em menor grau se faziam as incorporações de outros membros subsidiários ligados ao proprietário por parentesco ou amizade. Assim, verificamos pelo recenseamento de 1836, que apenas 5% das famílias locais tinham parentes morando como dependentes. Esses eram em geral tios, irmãos e sobrinhos, normalmente solteiros, trazidos para o convívio direto com a família por razões de ordem econômica ou mesmo familiar.

As relações na maior parte dos casos eram de origem afetiva, principalmente entre as famílias abastadas onde os escravos se encarregavam do trabalho. Nessas poucas famílias extensas, os parentes próximos muitas vezes tinham recursos e escravos próprios, mas vinham viver por várias razões sob a dependência de um parente em melhores condições econômicas e que podia, portanto, manter uma família mais numerosa.

Por outro lado, nas áreas de pequenas lavouras a falta do braço escravo estimulava a solidariedade da família que trabalhava unida, favorecendo, portanto, a absorção de parentes e o aparecimento de um maior número de famílias extensas. Em vista disso é sempre importante fazermos um paralelo entre as áreas de lavoura e aquelas mais urbanizadas, embora mesmo nas áreas rurais predominassem no total as famílias com estruturas mais simples.

Cabe ressaltar, ainda, que grande parte dos parentes provavelmente foi recenseada como agregados, o que aumentava sensivelmente esta última categoria. O mesmo fato pode ter ocorrido com afilhados, filhos de criação e expostos, que apareceram sempre em número irrisório.

Nessa trama de relações familiares mereceram especial atenção dois elementos: o sobrinho e o afilhado. Dentre os parentes os sobrinhos foram sempre privilegiados, protegidos pelos tios e freqüentemente beneficiados nas partilhas, mesmo morando em domicílio independente.

Tal constatação vem reforçar a idéia colocada anteriormente de que a falta de convivência no cotidiano não levou a um enfraquecimento das relações familiares e afetivas nessa sociedade.

Assim como ocorria no período colonial, os paulistas preservando esses valores consideraram o compadrio como uma relação altamente significativa. Dada a importância social do batismo para ricos e pobres indistintamente, ter um padrinho influente era também uma forma de ser bem aceito socialmente. Dessa maneira os favores eram mais facilmente conseguidos numa trama variada de deveres e obrigações recíprocos que definiam a natureza dessa relação.

Um texto especialmente rico em relação ao assunto ressalta alguns níveis de reciprocidade entre o padrinho, sua família e o afilhado:

"Declaro que criei desde pequena a parda Joana Batista do Nascimento, afilhada de meu marido, e pelo muito amor que lhe tenho, vivendo sempre em minha companhia, ajudando-me no meu trabalho, e sempre obediente, e tratando-me com respeito, e desejando beneficiá-la, declaro-a minha herdeira, assim como a meus crioulos Benedito e sua irmã Henriqueta, Ana e sua irmã Virgínia, os quais já eram forros por morte de meu marido, com a condição somente de ficarem sujeitos a mim durante minha vida, e por minha morte ficam livres e forros de toda a escravidão, de modo que a dita Joana Batista e os ditos meus quatro crioulos são os meus herdeiros" (*Testamentos*, São Paulo).

Fica claro que era da competência do padrinho proteger e beneficiar os afilhados, dos quais era esperado um comportamento solidário, respeitoso e obediente, atitudes altamente apreciadas na época. No caso específico, os laços não foram dissolvidos por morte do responsável, já que a mulher adotou um comportamento idêntico ao do marido, sendo correspondida.

O relato acima deixa transparecer que os afilhados provavelmente estavam diluídos na composição dos fogos em outros tipos de relações de parentesco ou de trabalho, relações estas que antecediam ou sucediam ao batismo propriamente dito.

Na distribuição dos legados os afilhados foram sempre lembrados. Quando existiam herdeiros legítimos naturalmente deveriam se contentar com uma parcela, um quinhão ou mesmo um agrado feito em forma de roupas, objetos e jóias. Estabelecido o costume, os benfeitores incluíam na partilha pequenas quantias em dinheiro, objetos de prata, peças do mobiliário, imagens religiosas, jóias de ouro, escravos e mesmo roupas de uso pessoal.

Na falta de herdeiros legítimos também eram comuns as doações de bens imóveis em favor dos afilhados.

Notamos que nas partilhas pouco importava o montante de bens do testador, pois a prática de beneficiar os afilhados de batismo foi adotada pelos diferentes grupos sociais, mesmo quando restava muito pouco a ser distribuído.

Por tudo que foi exposto, concluímos que predominavam na sociedade paulista as famílias nucleares com poucos integrantes, fato que, entretanto, não chegou a transformar sensivelmente as relações de solidariedade entre os parentes, amigos e afilhados. Essa configuração mais simplificada que apresenta a família paulista não significou, portanto, um rompimento nas ligações entre os parentes que eram constantemente ativadas nos casamentos, batismos e partilhas.

Essa forma de estrutura familiar, onde os laços de parentesco e de amizade não determinavam a organização do núcleo doméstico, foi substituída em São Paulo por outros tipos de relações. Quais seriam?

Já que a família paulista é predominantemente

nuclear, que parcela da população apresentava uma estrutura familiar mais complexa? Nestes casos, que relações vieram em lugar das de parentesco?

O fato é que nos domicílios com estrutura mais complexa as ligações de trabalho eram determinantes. Por isso, é mais comum encontrarmos escravos e agregados[1] do que parentes e afilhados.

No entanto é importante considerarmos que por tratar-se de uma sociedade escravocrata, os dados que se referem aos domicílios complexos ainda são pouco significativos. É surpreendente verificarmos que dentre os proprietários locais 64% não tinham escravos e 80% não tinham agregados. Estamos trabalhando, portanto, apenas com uma pequena parcela da população.

Cabe ressaltar também que dentre os proprietários com escravos predominavam aqueles com pequeno número: 10% tinham apenas 1 escravo; 32,4% tinham até 10; e somente 1 proprietário possuía mais de 50 escravos.

A presença de escravos e agregados é explicável pela necessidade de mão-de-obra, já que esses indivíduos desempenhavam múltiplas funções.

Os agregados geralmente se ligavam ao proprietário por vínculos de trabalho e eram utilizados como mão-de-obra em diferentes tipos de serviços (domésticos, ajudantes, aprendizes, lavradores etc.). Por

---

(1) Agregados são indivíduos que nada possuem de seu, por isso se abrigam em moradia alheia.

outro lado, muitas vezes tinham uma atividade econômica independente, contando com recursos pessoais e seus próprios escravos.

Existiam, no entanto, agregados ligados às famílias locais por laços pessoais, ficando difícil explicar economicamente a sua presença em domicílios onde deveriam representar mais despesas do que na realidade lucro. Vários são os exemplos encontrados de agregados velhos e doentes que viviam da caridade particular. Muitas agregadas também viviam maritalmente com homens solteiros, separados ou viúvos, sem que isso resultasse em uniões definitivas ou mesmo segurança para sua prole. A mulher solteira e agregada com filhos ilegítimos constitui um outro tipo de família naturalmente incorporada aos domicílios locais, o que sem sombra de dúvida demonstra que em muitos casos a agregada foi a concubina do dono da casa. Tal quadro embora reduzido não deixa de recompor parte da imagem típica das famílias brasileiras do período colonial.

A busca de estabilidade numa sociedade assentada no trabalho escravo levou o agregado a desenvolver basicamente esses dois tipos de relações. Percebe-se então que os laços de dependência que mantém com o proprietário não resultaram sempre em vínculos duradouros. A marginalidade sócio-econômica a que estiveram condicionados estes indivíduos dificultou sobremaneira a sua articulação social.

Os escravos, se comparados aos demais integrantes da camada periférica, compõem a categoria mais numerosa, dada a necessidade freqüente de mão-de-obra. Por isso, as famílias pequenas ou numerosas, ricas ou remediadas quando podiam adquiriam escravos. Como mercadorias preciosas em função do alto custo, eram distribuídos nos legados juntamente com os bens móveis e imóveis, sendo muito requisitados entre os presentes de casamento. Assim, eram freqüentes as alusões a filhas e netas que levavam na ocasião das núpcias uma ou mais mulatinhas para o serviço da casa. Além das jóias e do enxoval, os escravos domésticos fizeram parte do aparato matrimonial das moças ricas ou de medianas posses.

Os serviços prestados pelos escravos, desde o período colonial, determinaram, portanto, a integração do negro aos núcleos domésticos. A necessidade de mão-de-obra e o desprezo pelo trabalho manual estabeleceram vínculos e justificaram a sua presença nas áreas rurais e urbanas.

A posse do escravo significava inclusive a própria subsistência do proprietário, que o empregava em diversos serviços além dos domésticos.

Em São Paulo, "quitutes de toda espécie eram vendidos em pequenos tabuleiros forrados com toalhas brancas e alumiadas de noite por velas de sebo pelas escravas de certas famílias, que estacionavam nas escadas de pedra que havia diante da Igreja da Misericórdia. Seus pregões decerto ecoavam docemente — quase como cantiga de ninar — dentro da silenciosa noite paulistana. Dos mil e um serviços dos negros pelas ruas sabe-se que tiravam partido seus donos remediados e endinheirados. Em 1830, por exemplo, as muito conhecidas meninas da Casa

Verde, irmãs do Marechal José Arouche de Toledo Rendon — que tinha trinta e nove escravos, entre homens e mulheres —, viviam de jornais de escravos, de aluguéis de casas e da lavoura de sua chácara" (Silva Bruno, 1953).

Nas áreas urbanas, onde predominavam os escravos domésticos, é possível estabelecer um clima aparentemente afetuoso entre senhor e escravo em virtude do convívio mais direto no cotidiano e desde que esses se mostrassem obedientes e serviçais.

Depoimentos como o de Maria Rosa da Conceição são bastante significativos: "Declaro que nosso casal possui duas escravas pardas de nome Francisca, e outra de nome Margarida, estas duas escravas as criei como minhas filhas, e lhes tenho muita amizade, e correspondem prestando-me toda a obediência, e muito bons serviços e zelo pelas minhas enfermidades, e por isso, desde o momento do meu falecimento, ficarão forras e libertas, sem a menor condição" (*Testamentos*, São Paulo).

Percebe-se, também, que a manutenção dessas boas relações e a própria concessão da alforria estiveram sempre relacionadas com o merecimento, pela obediência e pelos bons serviços prestados, que faz parte da mentalidade paternalista da época, onde o escravo é visto como um dependente. Aqueles que se tornassem atrevidos, desobedientes e mesmo insolentes recebiam como punição a revogação da liberdade prometida. Nessa trama de relações paternalistas, o proprietário se reservava o direito de estabelecer, ainda em vida, o destino do escravo após a sua morte.

Dessa forma, confiava por períodos predeterminados a guarda do escravo a algum amigo ou parente que continuaria a usufruir de seus serviços.

Seguramente a maior parte dos escravos foi alforriada sob condições e os seus bens tutelados, exceção feita às pequenas doações. Ainda como libertos permaneciam "acostados" nas casas de parentes, amigos e herdeiros do antigo dono, o que torna a alforria uma questão complexa e discutível. Ficariam realmente livres os ex-escravos?

A noção de liberdade envolve, portanto, diversos aspectos e a alforria colocada como resultado de um comportamento mais liberal dos proprietários é mais aparente do que real. Na prática essa concessão aparece sujeita a uma série de normas restritivas encaradas na época como naturais.

Por outro lado, essa constatação não invalida por completo a existência de relações afetivas entre o senhor e alguns de seus escravos domésticos, isso desde que houvesse uma troca de favores, considerada sintomática face à própria natureza da sociedade. Nota-se, portanto, que em São Paulo, no século XIX, as relações senhor-escravo são em muitos aspectos diferentes daquelas consideradas como típicas.

Por tudo que foi exposto, concluímos que as famílias paulistas não apresentavam, de modo geral, as mesmas características do modelo patriarcal na forma como é descrito pela literatura.

Percebemos que predominavam nessa sociedade as famílias nucleares com estruturas mais simples e menor número de integrantes, mesmo em relação ao núcleo central. Ao lado disso é importante ressaltar que aparecem nessa sociedade diferentes formas de organização familiar. Uma delas é a "família patriarcal do tipo extensa", que, representando apenas um pequeno segmento da população, não dá a tônica geral da sociedade.

A par dessa pequena incidência, o modelo patriarcal que aparece na sociedade paulista apresentou características próprias e difere em muitos aspectos das famílias extensas encontradas nas áreas rurais do Nordeste.

No entanto, essas características da família paulista não chegaram a representar um sério rompimento na trama de relações paternalistas que ainda estão presentes nessa sociedade, mesmo se desenrolando fora do âmbito familiar.

A FAMÍLIA EM QUESTÃO: CELIBATO E CASAMENTO

Apesar da freqüência do celibato e das uniões ilegítimas, o casamento tinha uma função específica na sociedade brasileira do passado, ao menos para certos grupos sociais.

Desde o período colonial, o que se nota, entretanto, é que havia uma certa resistência por parte da população em se casar, preferindo viver em concubinato.

Por isso esse capítulo visa analisar a ausência de matrimônios, buscando as razões que interferiam na dinâmica desse processo. Por outro lado, como muitas mulheres revelaram sua insatisfação face à vida conjugal, interessa-nos também elucidar as variações ocorridas nos papéis masculino e feminino, que chegaram a alterar o esquema tradicional concebido para ambos os sexos.

Ao nosso ver as imagens fornecidas pela historiografia sobre o casamento e as relações marido e esposa são contraditórias. Seriam apenas mitos? Existiram realmente o marido dominador e a mulher submissa?

* * *

Na sociedade brasileira, especialmente no século XIX, os matrimônios se realizavam num círculo limitado e estavam sujeitos a certos padrões e normas que agrupavam os indivíduos socialmente em função da origem e da posição sócio-econômica ocupada. Tal fato, entretanto, não chegou a eliminar a fusão dos grupos sociais e raciais, que ocorreu paralelamente através das uniões esporádicas e da concubinagem.

Por isso, é possível estabelecer uma íntima relação entre casamento, cor e grupo social. Os matrimônios, que eram a opção de uma certa parcela da população, estiveram também preferencialmente circunscritos aos grupos de origem, representando a união de interesses, especialmente entre a elite branca. Esta, interessada na manutenção do prestígio e da estabilidade social, procurava limitar os casamentos mistos quanto a cor, assim como em desigualdade de nascimento, honra e riqueza.

Obviamente, ocorriam os casamentos que integravam, através das alianças, os indivíduos pertencentes a outras camadas sociais e os estrangeiros que buscavam ascensão social.

Sabemos que os comerciantes portugueses ti-

A Família Brasileira

Fica claro que era da competência do padrinho proteger e beneficiar os afilhados.

nham acesso às famílias tradicionais através dos casamentos, o que propiciava a sua rápida integração na família da noiva e também na esfera de influência política e econômica do sogro.

Em arranjos desse tipo, quando se tratava de nomes importantes, os critérios de seleção levavam em conta um quadro de valores onde raça, riqueza, ocupação, origem e religião eram fatores altamente significativos.

Pelo menos para certos estratos da população, o casamento, visto sob essa perspectiva, era um ato social de grande importância, polarizando vários interesses e fazia-se por isso num círculo muito limitado, sendo comuns as uniões de parentes afins, que tinham, como finalidade, preservar a fortuna mantendo a linhagem e a pureza de sangue.

Por outro lado, uma parcela representativa da população preferia permanecer no celibato ou simplesmente aderia às uniões ilegítimas, apresentando uma certa resistência aos apelos da Igreja em sacramentar essas relações. Isso ocorria também entre as camadas mais pobres, onde a escolha do cônjuge obedecia a critérios bem menos seletivos e preconceituosos.

Conclui-se, portanto, que interferiam nos arranjos matrimoniais critérios e valores morais, implícitos a cada grupo social. Verificamos que origem, pureza de sangue, raça e riqueza eram fatores relevantes em determinados círculos sociais, ocasionando até a ausência de casamentos, por falta de cônjuges elegíveis. O quadro não era tão rigoroso em se tratando de pessoas humildes ou provenientes de famílias ilegítimas. Do mesmo modo que as elites se reservavam o direito de optar por um bom casamento para seus descendentes, com outra parcela da população aconteciam os matrimônios com elementos de origem obscura e com prole ilegítima.

A legalização das uniões, por sua vez, dependia do consentimento paterno, cuja autoridade era legítima e incontestável, sendo de sua competência decidir e até mesmo determinar o futuro dos filhos sem consultar suas inclinações e preferências.

Aqueles realizados à revelia dos pais podiam resultar em punições de diversos tipos e significavam, em muitos casos, a exclusão dos filhos da participação do patrimônio da família. As Ordenações Filipinas, apontando as justas causas pelas quais os pais podiam deserdar os seus filhos, assim se pronunciavam: "se alguma filha, antes de ter vinte e cinco anos, dormir com algum homem, ou se casar sem mandado de seu pai, ou de sua mãe, não tendo pai, por esse mesmo feito será deserdada e excluída de todos os bens ou fazenda do pai, ou mãe, posto que não seja por ele deserdada expressamente" (*Ordenações*, 1850). Os varões não aparecem especificamente incluídos nessa cláusula, mas podiam ser deserdados por negligência dos deveres filiais, injúrias e acusações, também considerados como motivos legítimos.

No século XIX, as disposições testamentárias revelam que, quando havia desgosto com o casamento dos filhos, os genros e as noras não recebiam benefícios dos sogros, o que não ocorria quando eram benquistos. Daí as freqüentes alusões a empréstimos cobrados por ocasião do testamento e as restrições que eram impostas, nas partilhas, compreensíveis à luz de desavenças pessoais entre os membros da família.

Situações de conflito naturalmente se agravavam quando os interesses econômicos estavam em jogo, ocasionando um recrudescimento das acusações, mesmo se tratando de parentes.

Por outro lado, fica também evidente que os genros, desde que parentes, podiam receber um tratamento preferencial, com incumbências de maior peso em relação aos demais integrantes da família e na gerência do patrimônio.

O Sargento-Mor Francisco Ignácio de Souza Queiroz, sobrinho e genro do Brigadeiro Luiz Antonio de Souza, a despeito de outros parentes, foi nomeado tutor dos filhos ainda menores do Brigadeiro, além dos encargos de primeiro testamenteiro, procurador e administrador da fazenda e testamentaria (*Testamentos*, São Paulo).

Tais relações de parentesco eram comuns nos arranjos matrimoniais, e, especialmente na sociedade paulista, desde o período colonial eram freqüentes as uniões de primos entre si e de tios e sobrinhas. Alfredo Ellis Júnior aponta para a população paulista no seiscentismo um índice de consangüinidade de 23,3%, que chega, no setecentismo, a 42,8% (Ellis Jr., 1944).

Essas uniões por laços de sangue ou de afini-

A Família Brasileira

dade estenderam-se por gerações, sendo inúmeros os exemplos encontrados nos testamentos.

Em 1800, Ana Vicência Rodrigues de Almeida casava-se com seu cunhado Eleutério, sendo uma solução encontrada para evitar a repartição do patrimônio dos Prado, em um momento decisivo na acumulação de bens da família. Do mesmo modo, Martinho (1811-1891) contraiu núpcias com sua sobrinha Veridiana (1825-1910), numa sucessão de alianças, tal como comprova a genealogia da família, mostrando que essas uniões ainda eram comuns no século XIX (Levi, 1977).

A abundância de casamentos consangüíneos entre parentes até 4º grau tornou-se objeto de preocupação de clérigos e governantes, o que resultou inclusive em uma bula papal expedida em Roma em 26 de janeiro de 1790. Esta tinha o intuito de abreviar os processos de permissão para os matrimônios, evitando as demoras e diminuindo os gastos.

Antes dessa medida a dispensa para estes casos vinha diretamente de Roma, já que as normas da Igreja que regiam os matrimônios incluíam vários motivos para impedimento e dentre eles constava o parentesco por consangüinidade e por afinidade,[2] muito freqüente nos documentos clericais.

Nas famílias paulistas os dois motivos eram co-

(2) Consangüinidade deve ser distinguida de afinidade — parentes de sangue de parentes por casamento. Parentes afins são aqueles casados com nossos consangüíneos.

muns nos processos e as núpcias entre parentes próximos, primos, meio-irmãos, sobrinhos e cunhados parecem ter sido uma ocorrência natural nas áreas rurais e urbanas.

Isso significa que as sociedades de parentes continuaram a atuar no meio urbano, a despeito das modificações apresentadas na estrutura das famílias no decorrer desse período, afirmação que também é válida para a sociedade brasileira em geral.

A intensificação da vida urbana no decorrer do século XIX possibilitou provavelmente a reunião mais freqüente dos membros de uma mesma família e em decorrência, ao invés de produzir um enfraquecimento das relações familiares, reforçou-as pela maior assiduidade de visitas e proximidade (Queiroz, 1975). O fato da família não ter se mantido "extensa" não significou, portanto, um rompimento ao nível dessas relações.

Tomando como exemplo o recenseamento de 1836, verificamos que a própria formação dos bairros, na cidade de São Paulo, mostra nitidamente, em alguns locais, a concentração de indivíduos em função do parentesco e grupo sócio-econômico. A preponderância de famílias nucleares no meio urbano nessa época não exclui, portanto, as possibilidades de contato entre os parentes. Na forma de ocupação do espaço se insere também a relação entre os moradores e a predominância de um certo tipo de atividade, o que provavelmente favorecia um maior entrosamento entre os elementos provenientes do mesmo estrato econômico, facilitando as uniões entre os

A Família Brasileira

casais. Tal constatação reforça o quadro de que os casamentos se realizavam preferencialmente entre integrantes do mesmo grupo sócio-econômico e racial.

Esse fato, associado à idéia de que uma parcela significativa da população aderia mais facilmente ao celibato e ao concubinato do que ao casamento nos levou a questionar os entraves à realização do mesmo. Quais seriam as razões apontadas pelos diferentes segmentos da população que justificariam essa opção?

Publicado em Lisboa, em 1747, com o intuito de aconselhar um amigo a tomar o estado de casado, o discurso de D. Francisco Manoel de Mello alertava para o fato de que "uma das coisas que mais podem assegurar a futura felicidade dos casados é a proporção do casamento. A desigualdade no sangue, na idade, na fazenda causa contradição, discórdia. E eis os trabalhos por donde vêm. Perde-se a paz, e a vida é inferno. Para a satisfação dos pais convém muito a proporção do sangue; para o proveito dos filhos a da fazenda; para o gosto dos casados a das idades" (Mello, 1747). Uma forma de garantir a harmonia conjugal estava, segundo o autor, na observância desses preceitos, que contestavam, sem dúvida, a validez dos casamentos desiguais ou mistos.

No Brasil, após a independência, não existiam entraves legais à realização de casamentos entre "pessoas desiguais", desde que houvesse o consentimento paterno (Trigo, 1857). Na prática, porém, as uniões dessa natureza eram desaconselhadas e criticadas, enfatizando as distinções de raça e de grupos sociais existentes aqui como anteriormente em Portugal.

Em São Paulo, as alusões e críticas severas encontradas em documentos dos fins do século XVIII e do XIX (*Ofícios*, S. Paulo), relativas à falta de pureza de sangue e a matrimônios com mulheres de baixa condição, nos levaram a admitir a existência de pressões para evitar a realização de matrimônios desse tipo, o que não significa que deixassem de ocorrer totalmente.

Genericamente, podemos dizer que exemplos dessa natureza foram encontrados para outras áreas, reforçando essa afirmação.

Entretanto, é importante lembrar que essa maior austeridade de costumes sem dúvida está relacionada ao aumento do número de mulheres brancas, que ocorreu a partir de 1765. Tal fato se opõe aos períodos de carência de noivas brancas, aceitáveis para casamentos, assunto que era objeto de preocupação, ao qual se refere um trecho famoso da carta de Manoel da Nóbrega ao Mestre·Simão, enfatizando que mesmo as mulheres de "maus costumes" aqui facilmente encontrariam um bom noivo.

De modo geral percebemos que os pré-requisitos matrimoniais eram mais flexíveis para certas camadas da população, especialmente quando existia dificuldade em se encontrar mulheres disponíveis. Tais ocorrências, no entanto, eram menos perceptíveis entre a elite branca, onde a condição sócio-econômica e a pureza de sangue eram elementos

A Família Brasileira

importantes para a realização dos casamentos. Para isso até mandavam-se vir moças e rapazes de Portugal, já com o casamento tratado. Na falta de pretendentes à altura, ao que parece preferiam o celibato.

Por outro lado, a freqüência do celibato e das uniões ilegítimas justificava a preocupação dos pais com o futuro das filhas. Devido às poucas opções que restavam à mulher, o casamento tinha uma função específica, especialmente numa sociedade onde sua imagem estava associada às de esposa e mãe. Representava também proteção e sobrevivência econômica, pois era da competência do marido zelar pela segurança da mulher e da prole. Em decorrência das alternativas que se apresentavam para homens e mulheres, o casamento dos filhos varões não mereceu preocupação em semelhante grau.

Sabe-se que entre os pedidos e mesmo obrigações impostas a tutores, parentes, amigos ou curadores, estava aquela de arranjar marido. Caso o curador tivesse dificuldade de arranjar um noivo à curatelada, em curto prazo outros prontamente apareciam em juízo, comprometendo-se a descobrir marido, em pouco tempo.

As dificuldades em se arranjar casamentos parecem não ter ficado apenas entre as pessoas de posses, pois os mais pobres queixavam-se do mesmo mal. Geralmente, o problema vinha associado à falta de recursos, o que reforça a idéia de que o matrimônio, em muitos aspectos, dependia da situação financeira dos noivos. Da parte da mulher, desde que houvesse condições econômicas, existia o dote e o pretendente deveria apresentar provas de que uma sobrevivência, ao menos decente, seria assegurada à mulher, durante a vida conjugal e também na viuvez.

O alto custo das despesas matrimoniais era outro entrave à legitimação das famílias, o que favorecia a concubinagem entre as camadas mais baixas da população. A celebração legal implicava em despesas, direitos e obrigações recíprocos de fidelidade e assistência. Por isso, os homens pobres relutavam em formar laços legítimos, preferindo viver concubinados, mesmo sob pena de serem recolhidos às cadeias e sentenciados pela Junta da Justiça.

Numa sociedade onde a maior parte dos seus integrantes professava a fé católica, a religião foi outro sério obstáculo à realização de casamentos mistos. A interferência da Igreja é pertinente se considerarmos que o matrimônio não era apenas um contrato, mas também um sacramento, conforme as condições disciplinares impostas pelo Concílio de Trento, que invalidavam, nos seus efeitos, os casamentos não celebrados pela Igreja (*Constituições Primeiras*, 1853).

A população sofria, portanto, pressões por parte da Igreja no sentido de sacramentar as uniões entre noivos que professassem a fé católica. O casamento com o infiel era desaconselhado.

Isso significa que os estrangeiros, desde que católicos, tinham maior acesso aos casamentos com membros das famílias brasileiras, o mesmo não ocorrendo tratando-se de protestantes, anglicanos etc.

Os não católicos, em geral imigrantes, quando

não vinham casados da Europa escolhiam aqui elementos dentro da mesma religião ou comunidade de origem.

Diante da complexidade de fatores envolvidos, aparentemente o amor, como estímulo para o casamento, parece ter ocupado lugar de menor importância, surgindo como uma conseqüência da vida em comum.

Nos testamentos, são mais freqüentes as referências à estima, dedicação e gratidão do que realmente ao amor do casal. Carinho e amor são aspectos relevantes nos casamentos dos mais pobres. Talvez, por isso, se desfizessem, com facilidade, as uniões entre indivíduos de menor posse. Os padrões de moralidade eram mais flexíveis e havia pouco a se dividir ou a oferecer numa vida simples. Enquanto prevalecesse o estímulo inicial, existiam razões para preservar a união, já que, no plano social, a separação ou um novo concubinato não teriam graves repercussões.

A condição a que estava sujeita a mulher, em certos grupos sociais, impossibilitava também uma participação ativa na escolha do noivo e os raros contatos que precediam a cerimônia não permitiam um melhor entrosamento do casal.

Sinônimo de encontros furtivos e sinais telegráficos ajudados pelos leques, lenços e chapéus, o namoro parece ter evoluído muito pouco até o século XIX, embora considerado avançado pelos contemporâneos que classificavam o anterior de ingênuo. Os breves noivados que nem sempre sucediam ao namoro também eram acompanhados de raras entrevistas.

Curioso, entretanto, foi observar que no século XIX, em arranjos matrimoniais feitos por interferência das famílias, a não-aquiescência das partes envolvidas podia significar um rompimento de compromisso, o que indica uma natural evolução dos costumes (Oliveira, 1943).

Todas essas dificuldades apontadas, de ordem racial, econômica e social, interfeririam diretamente no índice de nupcialidade.

Diante destas evidências procuramos dados precisos que indicassem a falta de casamentos entre homens e mulheres pertencentes aos diversos grupos sociais e raciais. Assim, verificamos o estado civil de 1 516 chefes de domicílios, em São Paulo, no recenseamento de 1836. Desses, 503 eram solteiros, 662 casados, 282 viúvos e 3 divorciados. Dos casados, apenas 589 viviam com os respectivos cônjuges e os demais estavam separados, aparecendo, em muitos desses casos, a mulher assumindo o papel de cabeça-de-casal, por ausência do marido.

Tomando como base um período mais amplo, ainda em São Paulo, de 1800 a 1860, verificamos o estado civil de 337 pessoas que deixaram testamento. Dessas, 138 eram solteiras, 99 casadas, 85 viúvas, 1 divorciada, 9 amigadas e 5 separadas. Do total apareceram apenas 28 casos de segundas núpcias (*Testamentos*, São Paulo).

A amostra é altamente significativa, principalmente se considerarmos que os dados manipulados incluíram apenas as pessoas aptas, em idade de casa-

A Família Brasileira 55

mento. Tal constatação vem comprovar a hipótese levantada anteriormente de que o casamento era uma opção para uma parcela da população, preferindo os demais permanecer no celibato, aderindo às uniões ilegítimas.

As informações sobre os habitantes casados, contidas no mesmo recenseamento, permitiram concluir também que as uniões legítimas comumente aconteciam entre componentes da mesma raça, apesar da inexistência de pressões no âmbito jurídico.

Para os 575 domicílios que apresentaram informações quanto à cor do chefe e de sua esposa, não apareceu nenhuma indicação de matrimônio entre brancos e negros; dezessete de brancos e mulatos e apenas uma de branco com elemento indígena.

Mesmo as uniões entre pretos e mulatos ocorreram em número reduzido: somente 7 (24,1%) para um total de 29 matrimônios. Isto significa que brancos, pardos e negros casavam mais dentro do seu próprio grupo racial e, do mesmo modo, livres, escravos e libertos. No cômputo geral, 95,3% dos brancos casaram com indivíduos da mesma raça e igualmente 75,9% dos negros, 88,9% dos mulatos e 33,3% dos índios (*Recenseamentos*, São Paulo).

Os dados referentes ao ano de 1836 revelaram também uma pequena incidência de casamentos entre os chefes de domicílio negros e mulatos. Constatamos que os indivíduos pertencentes a esses grupos viviam mais em concubinato, à semelhança dos brancos pobres, por razões de ordem econômica e social.

Pelo que pudemos perceber, a ausência de casamentos foi uma constante desde o período colonial, atingindo indivíduos de ambos os sexos e de qualquer condição social. Veja-se, por exemplo, que entre os escravos predominavam os solteiros, assim como acontecia entre os brancos pobres. Ficou claro também que o quadro de valores anteriormente mencionado interferiu neste processo, servindo para explicar a alta incidência do celibato, principalmente entre as pessoas provenientes de boas famílias e de posses.

Há que lembrar que apesar das pressões da Igreja em sacramentar as uniões, uma parcela significativa da população permaneceu vivendo em concubinato e procriando filhos ilegítimos, constituindo um outro tipo de família comumente encontrada na sociedade paulista.

O MITO DA MULHER SUBMISSA E DO MARIDO DOMINADOR

Provavelmente houve certo exagero dos estudiosos e romancistas ao transmitirem o estereótipo do marido dominador e da mulher submissa. As variações nos padrões de comportamento de mulheres provenientes dos diferentes níveis sociais indicam que muitas delas trouxeram situações de conflito para o casamento, provocadas por rebeldia e mesmo insatisfação. No século XIX, entre outras razões, casais se separaram porque os gênios não combinavam. Isto significa que o fato das mulheres estarem sujeitas aos casamentos arranjados não garantia a manutenção da união.

Por outro lado, a própria natureza do sistema patriarcal e a divisão de incumbências, no casamento, criaram condições para a afirmação da personalidade feminina, dada a sua influência direta junto à família. Antônio Cândido sugere que a organização do sistema colonial desenvolveu aspectos viris na personalidade da mulher que favoreceram o aparecimento de características acentuadas de comando e iniciativa (Cândido, 1951). Não são raros os exemplos de mulheres que, por ausência do marido ou viuvez, zelaram pelo patrimônio da família, gerindo propriedades e negócios. Outras trabalharam na agricultura e nas pequenas manufaturas domésticas, contribuindo para o sustento da casa. Sabe-se também que, durante o bandeirismo, as matronas cuidavam da casa e também dos negócios e da lavoura nascente.

Essas colocações sugerem novas imagens da mulher na família e na sociedade, com uma participação mais ativa, embora o seu papel ainda fosse limitado, face à manutenção dos privilégios masculinos.

A análise dos documentos jurídicos e religiosos, referentes ao Brasil e Portugal, que trataram de regularizar as questões pertencentes à família, nos remete a um ponto fundamental, ou seja, o das atribuições e obrigações recíprocas que cabiam aos cônjuges no casamento.

Nas uniões legítimas, a divisão de incumbências entre os sexos, pelo menos na aparência, colocava o poder de decisão formal nas mãos do homem como provedor da mulher e dos filhos, por costumes e tradições apoiados nas leis. Historicamente, e mesmo biologicamente, essa situação seria justificável pela própria natureza física do homem, criado para proteger a mulher, de natureza mais delicada, nos períodos em que houvesse perigos ou dificuldades (Ande-

A Família Brasileira

lin, 1963). Perfazendo adequadamente seus respectivos papéis, os cônjuges deveriam se completar nos matrimônios tradicionais. A incumbência básica da mulher residia no bom desempenho do governo doméstico e na assistência moral à família, fortalecendo seus laços. Percebe-se que ambos preenchiam papéis de igual importância, mas desiguais no teor da responsabilidade.

Assim como entre os romanos, no Brasil o poder paterno era a pedra angular da família e emanava do matrimônio. Por isso, a exemplo também da sociedade portuguesa, havia distinções quanto ao sexo na parte referente às relações jurídicas. A autoridade do chefe da família (detentor do pátrio poder) sobre a mulher, os filhos e demais dependentes aparece como legítima na literatura e nos documentos, desde o período colonial, o que não significa que essas relações na prática aparecessem dentro da rigidez com que estavam estabelecidas por lei. As funções de provedor e protetor garantiam a dominação masculina em um tipo de sociedade onde o poder de decisão estava nas mãos dos homens. Ao filho que estivesse sob a tutela do pai dizia-se "filho aparentado" ou "sob o pátrio poder", expressão que aparece, com freqüência, nos censos de população da capital. Dessa forma, a divisão de poderes no casamento concedia ao pai a autoridade legítima que era também extensiva à mãe, na falta do mesmo, ou a outras pessoas especialmente designadas para preencher o seu lugar e conseqüentemente detentoras do pátrio poder nessas situações. A esposa transformada em "cabeça-de-casal" por morte do marido deveria, no entanto, justificar juridicamente esse encargo.

A tutela dos filhos e a administração dos bens, embora considerada legal e praticamente automática na linha de sucessão, colocavam a mulher viúva em uma posição bastante delicada perante a legislação. Nos autos de justificação de tutela percebemos que para a mulher manter a guarda dos filhos necessitava comprovar que era cristãmente casada e que se encontrava ainda viúva, honrando a memória do marido.

No transcorrer da vida conjugal, o marido, como "cabeça-de-casal", administrava os seus bens e os da esposa, os que esta tivesse ou viesse a ter. Na prática de certos atos legais, como a venda de imóveis, ele carecia da outorga da mulher e esta do consentimento do marido. Os encargos do matrimônio, na parte referente à manutenção do casal e proteção dos bens, cabiam, portanto, ao homem. A essa proteção deveria a esposa responder com obediência. O regime da igualdade dos cônjuges no casamento, no usufruto dos bens e na partilha só apareceu mais tarde, a partir de 1892, mas ao marido ainda competia defender a mulher e os filhos.

Os relatos dos viajantes que percorreram várias partes do Brasil trouxeram uma visão parcial da situação da mulher na família e na sociedade, mas souberam enfatizar a sua opressão.

Em *Mulheres e Costumes do Brasil*, Charles Expilly conclui que a "desconfiança, a inveja e a opressão resultantes prejudicavam todos os direitos e

A Família Brasileira **61**

toda a graça da mulher, que não era, para dizer a verdade, senão a maior escrava do seu lar. Os bordados, os doces, a conversa com as negras, o cafuné, o manejo do chicote, e aos domingos uma visita à Igreja, eram todas as distrações que o despotismo paternal e política conjugal permitiam às moças e às inquietas esposas" (Expilly, 1935).

Saint-Hilaire também observou que, em São Paulo, no começo do século XIX (entre 1815 e 1820), as relações sociais, assim como a vida familiar, eram ainda essencialmente patriarcais. As mulheres ricas se ocupavam de bordados, arranjos de flores e tocavam música, enquanto as mais pobres, pela própria condição de vida, eram levadas à prostituição.

A partir desses relatos visualizamos dois quadros. A existência de evidências de que uma parcela representativa de mulheres das camadas mais abastadas viviam reclusas ou entregando-se à indolência contrapõe-se, entretanto, a um outro quadro onde, comprovadamente, o sexo feminino tinha uma participação mais ativa, à testa da família e dos negócios, contribuindo com recursos para a manutenção da casa.

Em São Paulo, além das atividades avulsas (doceiras, engomadeiras, cozinheiras e costureiras) apareciam os teares domésticos (rendeiras e tecelãs) e as pequenas indústrias, estas já em meados do século passado.

Ao que parece, essas duas alternativas coexistiram, submetidas ao padrão duplo de moralidade e ao processo de socialização que preparava a menina para o desempenho das funções domésticas.

Já na segunda metade do século XIX, notamos uma dinamização ao nível das relações familiares entre os sexos que, em São Paulo, poderia estar vinculada à alta porcentagem de mulheres como chefes de domicílio, desde o final do século anterior, o que aumentava a área de influência feminina.

Percebem-se, portanto, divergências no ideal patriarcal de docilidade e submissão da mulher. Provavelmente, essas situações começaram a afetar os valores tradicionais, embora a autoridade, de modo geral, tivesse permanecido com o marido.

O fato de encontrarmos, nos testamentos da época, casadas as mulheres que tiveram filhos enquanto solteiras contrapõe-se à idéia de pureza e castidade. Nesses casos, o pleno conhecimento do marido era necessário, pois, caso contrário, poderia resultar em anulação do matrimônio. Outras, em situação idêntica, mesmo depois de viúvas, contraíam segundas núpcias, o que prova que havia uma colocação social para a mulher com filhos naturais. Embora exemplos desse tipo fossem usualmente encontrados entre as camadas menos favorecidas, os nomes importantes não foram totalmente excluídos.

Uma certa ética com relação a uma conduta virtuosa parecia, entretanto, preservar os anos de vida em comum do casal, pois o adultério era considerado falta grave e sujeito a várias punições.

Nas *Ordenações Filipinas*, as disposições referentes ao adultério eram bastante rígidas, mas dependiam da comprovação do fato e da vontade do

A Família Brasileira 63

Sabe-se que entre os pedidos e mesmo obrigações impostas a tutores, parentes, amigos ou curadores, estava aquela de arranjar marido.

marido em punir a esposa. Concedido o perdão, havia a relevação da pena. É interessante observar que, assim como em outros itens, as disposições inclusas nas *Ordenações Filipinas* respeitavam, em princípio, a hierarquia social vigente, ou seja, se o adúltero fosse de maior condição social que o marido, este não poderia tomar resolução alguma de vingança sem o conhecimento da Justiça.

Diante dessa situação e inclusive sob pena de perder os bens, os filhos ilegítimos, quando declarados e reconhecidos, apareciam sempre nos casos de separação, celibato e viuvez, embora fosse esperado das viúvas um comportamento exemplar, pois, caso contrário, correriam o risco de perder a tutela dos filhos e a administração do patrimônio. Note-se que honradez e "probidade comprovada" eram atributos essenciais às mulheres e principalmente as viúvas deveriam zelar por esses valores morais.

Apesar das pressões sociais e familiares existentes, algumas mais corajosas declararam, em testamento, que por "fragilidade humana" tiveram cópula ilícita durante a duração do matrimônio. Assim, em 1858, uma mulher casada declarava que tinha três filhos legítimos e sete ilegítimos, dois desses nascidos durante o casamento e cinco já na viuvez, conforme depoimento de seu próprio punho (*Testamentos*, São Paulo).

Alguns autores identificam o fenômeno como parte do quadro da própria opressão feminina que contribuía para a formação de uma contracorrente de irregularidades sexuais, através da qual buscavam uma compensação para os desejos e sentimentos não passíveis de manifestação dentro dos limites da família patriarcal (Saffioti, 1976), fato que não alterava a mentalidade vigente e a posição vantajosa ocupada pelo homem.

A nosso ver, as imagens são contraditórias e os estereótipos irreais. Estes últimos seriam apenas mitos? Existiu realmente o ideal da passividade feminina?

Alguns trechos da obra clássica de Gilberto Freyre acentuam ainda mais o paradoxo. O autor sugere também que a preferência pela mulher submissa foi ditada pelo desejo do homem de eliminar a sua concorrência no jogo econômico e político, o que insere o problema num sistema mais amplo de dominação (Freyre, 1977).

Segundo a literatura, o panorama é contraditório mas certamente explicável em função do padrão duplo de moralidade que regulava as relações dos sexos e dos grupos sociais. As mulheres de posses, em sua maioria, deviam ficar circunscritas à vida familiar, o que fomentava as suas aspirações de casamento e filhos. Passavam, dessa forma, da tutela do pai para a do marido e estavam menos expostas às relações ilícitas e, naturalmente, mais aptas para desempenhar um papel tradicional e restrito. Aquelas de menor posse, negras e mesmo brancas, viviam menos protegidas e sujeitas à exploração sexual. Suas relações se desenvolviam, portanto, dentro de outro padrão de moralidade que, relacionado principalmente a dificuldades econômicas e de raça, se contrapunha ao ideal de castidade, mas não chegava a transformar a maneira pela qual a cultura dominante encarava a questão da virgindade e nem a posição privilegiada do sexo oposto.

A freqüência do celibato, das uniões ilegítimas e a interferência do sexo feminino em assuntos aparentemente relegados ao sexo oposto revelaram, no entanto, uma nova dimensão para o problema, especialmente nos aspectos relacionados ao mito da castidade e à submissão da mulher à autoridade do marido, como veremos a seguir.

O fato de encontrarmos nos testamentos testemunhos de que eram aceitas para o casamento mulheres com filhos naturais altera, também, o quadro traçado pela historiografia. Do mesmo modo as queixas das esposas, levantadas a partir dos processos de divórcio, revelaram as reais aspirações do sexo feminino quanto ao casamento e à vida conjugal, apontando que nem sempre o comportamento das esposas se amoldava aos padrões tradicionalmente aceitos.

NOVAS IMAGENS DA FAMÍLIA: DIVÓRCIOS E SEPARAÇÕES

As pessoas, de forma geral, pensam que apenas recentemente a sociedade brasileira abriu o debate sobre o divórcio, desconhecendo que casais se divorciavam desde o período colonial, como resultado das tensões que naturalmente surgiam nos casamentos.

Por isso, os casos de divórcio constituem evidências fundamentais para se compreender as relações entre marido e esposa no passado. Mas, apesar dessa reconhecida importância e das celeumas que o assunto sempre provoca, poucos estudiosos se preocuparam em verificar o seu real significado nos sistemas familiares.

Sabemos que no Brasil, a partir do século XVIII, casais provenientes de diversas camadas sociais se divorciaram, resolução que era entendida legalmente pela Igreja e pelo Estado como a separação de corpos e de bens, não abrindo para os cônjuges possibilidades de novas núpcias.

No entanto, quantas separações não chegaram a se consumar legalmente? Quantas não se efetuaram por conformismo, conduta moral, desinteresse ou falta de meios para pagar as custas?

Como se pode perceber, o tema é complexo e sugere várias indagações envolvendo um estudo dos papéis feminino e masculino na família e na sociedade do passado. A sua compreensão requer também um entendimento dos valores morais implícitos aos grupos sociais, já que a desintegração ou a manutenção das famílias foi um reflexo desses valores e das tensões que os mesmos provocaram entre os casais.

* * *

Em São Paulo, o processo de divórcio mais antigo de que se tem notícia data de 1700 e faz parte do acervo da Cúria Metropolitana, pois o julgamento desses casos antes da proclamação da República era de competência do Tribunal Eclesiástico.

Durante o período colonial, o assunto era da alçada da Igreja, que resolvia legitimamente a separação dos cônjuges, e mesmo após a Independência, em 1822, a execução das sentenças corria por conta da Justiça Eclesiástica.

É, portanto, somente a partir de 1890 que começam a aparecer os processos encaminhados ao Tribunal de Justiça Civil. A regulamentação veio com o Decreto 181, de 24 de janeiro de 1890, e podia

A Família Brasileira

ser movida por ações litigiosas ou amigáveis.

No entanto, apesar da incorporação da lei na Constituição de 1891, os laços de matrimônio continuaram indissolúveis por pressões da Igreja, de jurisconsultos e de parte da população, significando apenas a separação de bens e de vida comum, não abrindo possibilidades para segundas núpcias, como acontecia também no período colonial.

O que ocorre a partir daí é a manutenção da execução de sentenças pelos dois Tribunais (Eclesiástico e Civil), sendo o primeiro uma opção do casal que professasse a fé católica. No entanto, com o advento da República, o que importava na realidade era a decisão do Estado que implicava na divisão do patrimônio e na tutela dos filhos.

Para exemplificar, vejamos como fica a situação dos processos a partir de 1890 na cidade de São Paulo. É irrisório o número de casos julgados através do Tribunal Eclesiástico: apenas 6 processos, na última década do século passado, quando apareceram 123 no Tribunal de Justiça. Para efeitos de comparação, antes dessa data, o montante de processos registrados pela Justiça Eclesiástica era o seguinte: de 1700 a 1800 (75 casos) e de 1801 a 1889 (575 casos).

Pediram separações e anulações de casamentos indivíduos pertencentes às diversas camadas sociais, sendo dissolvidos matrimônios de escravos e forros, assim como de pessoas abastadas, provenientes das famílias tradicionais.

Mas, independentemente da camada social, verificamos que, de maneira geral, as mulheres moveram mais ações de anulação de casamento e de divórcio que os elementos do sexo oposto. Segundo indícios encontrados, para a sociedade paulista esse dado é sintomático e relevante, se considerarmos como válida a premissa de que o papel de esposa era uma das poucas opções reservadas às mulheres nesse tipo de sociedade.

Por outro lado convém lembrar que as separações em comum acordo aparentemente tinham como finalidade simplificar os julgamentos, evitando a morosidade das decisões finais. Era a forma mais conveniente a ser adotada pelos casais com filhos e bens a repartir. Também evitava o escândalo e a inquisição pública de testemunhas, como geralmente acontecia nos julgamentos das ações litigiosas, onde o procedimento das mulheres, as queixas e a evidente insatisfação deixavam transparecer as desconhecidas tensões que existiam nas relações entre marido e esposa.

Através dos processos de divórcio verificamos que são várias as causas de conflitos entre os casais, parecendo independer da época ou do grupo social ao qual pertenciam.

As argumentações encontradas nos autos tanto da Igreja quanto do Estado apresentam, no entanto, limitações para o estudo do problema, pois percebe-se que as justificativas apontadas pelo requerente muitas vezes eram aquelas consideradas válidas pelos tribunais, favorecendo, dessa forma, o encaminhamento da ação, já que existia *a priori* um conjunto de

A Família Brasileira

motivos normalmente aceitos.

A regulamentação por parte da Igreja que cobria as questões referentes à anulação do matrimônio e à separação encontra-se enunciada nas *Constituições Primeiras do Arcebispado da Bahia*. A anulação só era permitida desde que não houvesse consumação do casamento e a separação era aceita pelos seguintes motivos: religião, adultério, sevícias, abandono do lar, injúria grave e doença infecciosa.

Dentre essas causas, parecem ter merecido especial atenção as que atentavam contra a moral e os costumes e a "injúria grave" estava, evidentemente, incluída nessa categoria. Neste caso, uma mulher sentindo-se difamada podia pedir a separação, alegando, por exemplo, que o marido a acusara de não ter-se casado virgem.

Os motivos que por sua vez justificavam os pedidos de divórcio na Justiça Civil eram praticamente os mesmos aceitos pela Igreja: adultério, sevícias ou injúria grave, abandono voluntário do lar e o mútuo consentimento dos cônjuges, desde que unidos há mais de dois anos (Bevilaqua, 1896).

Esta última exigência da Justiça Civil assentava no Decreto de 24 de janeiro de 1890, que estipulava um prazo de dois anos para queixas de abandono do lar, e que servia também para os divórcios amigáveis entre recém-casados. Antes disso, o pedido seria, em ambos os casos, juridicamente inconcebível.

Veja-se que, por convivência difícil, um casal se separou, não judicialmente, dois meses depois de celebradas as núpcias. Em 1891, dois anos depois, no pedido formal de separação, o marido acusava a esposa de, nesse tempo, ter vivido em adultério e de estar grávida. Como não houvera pacto antenupcial, o regime era o de comunhão de bens, mas nada havia a dividir porque ambos não possuíam riqueza alguma (*Divórcios*, São Paulo). O fato de o marido ter esperado esse tempo para dar início ao processo tinha como finalidade apoiar a argumentação em bases legais, pois vigorava, já nessa data, o referido decreto.

Dentre os motivos que apareceram arrolados como causas de separação entre os casais no passado, o adultério sempre mereceu um destaque especial, pois opunha-se às noções de fidelidade, de coabitação e de ajuda mútua, princípios reguladores do casamento e do equilíbrio do ambiente familiar interno. O homem ou a mulher, quando adúlteros, rompiam o equilíbrio e violavam a honra conjugal, praticando, portanto, em muitos aspectos também a "injúria grave".

Indiscriminadamente, indivíduos de ambos os sexos foram acusados de viver em adultério. As petições foram encaminhadas aos Tribunais, mesmo quando não existiam bens a separar, como um reflexo dos valores morais e da incompatibilidade surgida entre os casais nessa situação.

O adultério ou quebra da fidelidade matrimonial era considerado como falta grave para ambos os sexos, porém colocava a mulher numa situação inferior do ponto de vista jurídico, assim como acontecia na antiguidade.

Sabemos que adúlteros incorriam em várias penas, e já o antigo direito português punia o adultério com pena de morte, tanto para a mulher casada, quanto para seu cúmplice. Mas o adultério do marido não mereceu tão grave repulsa por parte do velho código filipino, pois as infidelidades descontínuas e transitórias não eram punidas.

O Código Criminal brasileiro de 1830, absorvendo os princípios da legislação portuguesa, manteve a mesma distinção em relação aos sexos. Enquanto que para a mulher bastava um desvio, para o marido era necessário o concubinato. Como pena estabelecia-se a prisão com trabalho pelo espaço de um a três anos (Bevilaqua, 1896).

A mesma discriminação quanto ao sexo feminino reaparece no código de 1891, embora a legislação brasileira referente ao século XIX contenha poucas informações sobre as penalidades impostas aos adúlteros.

Alexandre Herculano, na obra intitulada *Estudos sobre o Casamento Civil*, não deixa de mencionar a complexidade da legislação portuguesa referente ao concubinato e ao adultério, parte desta, naturalmente, absorvida pela legislação referente ao assunto que vigorava aqui no Brasil durante o Império. Segundo o mesmo autor, as penas a que estavam sujeitos os adúlteros em Portugal pareciam provar que a união conjugal era um pouco rebelde aos influxos morais da santificação religiosa e serviam para manter, pelo temor, a santidade dos laços domésticos.

A Igreja no Brasil, por sua vez, usava outras

penalidades que não as legais para punir os que viviam em concubinato ou adultério. Como a maior parte da população não casava, preferindo viver dessa forma, o controle era exercido através das visitações feitas às diversas Paróquias, não sendo concedida a comunhão àqueles que viviam publicamente concubinados.

A Igreja assume, portanto, uma atitude crítica com relação ao problema, procurando controlar o concubinato através do casamento, evidentemente nos casos em que não houvesse impedimentos para isso.

A acusação de adultério e a evidência de concubinato, a par da inferioridade feminina e da necessidade de comprovação por parte do acusador de não haver compactuado com a situação, desde que provado com base em evidências e testemunhos considerados honestos, geralmente eram condenados pelo Tribunal Eclesiástico e pela Justiça Civil.

Além do adultério, outras causas eram apontadas como motivo de separação entre os casais e, dentre elas, as sevícias eram as mais freqüentes. Nos processos da Justiça Eclesiástica, o mesmo pedido podia estar apoiado em vários motivos, tornando difícil detectar a origem do conflito, bem como a sua dimensão real. O abandono do lar vinha geralmente associado ao adultério ou às "sevícias graves", já que a Igreja impunha cláusulas restritivas às separações. Sabemos que muitas mulheres optavam por esta última alegação, pois a Igreja não permitia a coabitação com o adúltero, logo depois de conhecido

A Família Brasileira

o adultério. A mesma obrigatoriedade consta da posterior legislação sobre o divórcio civil.

Se por doenças contagiosas ou incuráveis a união carnal fosse impossível, qualquer um dos cônjuges tinha também o direito de pedir o divórcio. Nessas situações, advogavam os requerentes em favor da conservação da vida, que seria de rigorosa obrigação do Direito Natural. Não podia, dessa forma, ser obrigado a conviver com o réu sem o evidente perigo de sua vida e expondo-se a ficar com o mesmo mal contagioso, do qual o outro se achava infeccionado.

Como se pode perceber, os casais se separavam alegando diferentes motivos, que por sua vez apareciam geralmente associados, ou seja, num mesmo pedido poderia aparecer a denúncia de adultério e de sevícias ou de sevícias e doença infecciosa.

Existia também o "divórcio perpétuo" ou anulação, que era legítima desde que houvesse a ausência de união carnal entre os cônjuges. Tal fato confirma-se pela seguinte situação descrita em um testamento desse período. Diz a testadora que em 1865, após o casamento religioso, o casal se separara antes que houvesse cópula, o que fora provado judicialmente, sem que por ele fosse contestado (*Testamentos*, S. Paulo).

É importante lembrar mais uma vez que mais mulheres entraram com ações nos tribunais que os elementos do sexo oposto e nessa situação muitas delas trouxeram à tona o problema de sua opressão.

Esse tipo de comportamento se contrapõe ao estereótipo do papel feminino, numa sociedade com valores tradicionais onde se supunha a mulher com tão poucas alternativas. Nesse contexto aparece também a rebeldia quanto à sua submissão.

Por outro lado, as queixas das esposas deixam transparecer sua insatisfação quanto à sua condição e ao próprio casamento.

As evidências de que mais mulheres moveram ações de divórcio somadas ao fato de que era comum a separação após longa convivência contrariam, em muitos aspectos, o estereótipo da mulher submissa. Mesmo os acordos amigáveis e as ações litigiosas requeridas pelos próprios maridos revelam a existência de aspirações femininas face ao casamento. Nota-se uma natural evolução nos costumes com as novas gerações, embora as estruturas tradicionais, reguladoras dos papéis feminino e masculino, ainda garantissem, no final do século passado, salvo raras exceções, a primazia do homem.

Resta ainda avaliar o peso dessas afirmações no que se refere à divisão do patrimônio e tutela dos filhos, nos casos de divórcio ou separação. Ficaria a mulher numa situação menos privilegiada em relação ao sexo oposto?

Nos casos de divórcio, desde que estabelecida a comunhão de bens, a mulher podia recorrer aos Tribunais, se não houvesse uma divisão considerada eqüitativa. Essa situação parece ter sido a mesma para todo o século XIX, mesmo entre processos que passaram pelas mãos da Justiça Eclesiástica, pois a separação de corpos pressupunha a divisão de bens, se o casamento fosse feito por meação e não existis-

A Família Brasileira

sem outros pactos previamente estipulados. Quando houvesse dote, deveria ser restituído integralmente pelo marido em benefício da esposa.

Homologado o divórcio e separados os bens, aqueles adquiridos posteriormente, assim como os respectivos lucros obtidos da meação, ficavam sujeitos a cada um dos cônjuges separadamente, tal como consta dos testamentos da época. O mesmo se verificava nos casos de anulação ou divórcio perpétuo.

Quando a separação não se consumava juridicamente, constatava-se o abandono do lar e depois de um curto período competia à mulher citar o marido ausente, justificando o pedido de separação. No entanto, a maior parte das esposas parecia conformada com essa situação de abandono, que dificilmente resultava em divórcio. A maior parte dos casais viviam separados, sem concretizar tal relação através dos meios competentes, o que dificultava sobremaneira a sobrevivência da mulher e da sua prole. As queixas das mulheres que se diziam desamparadas por esse motivo são freqüentes.

Quando o casal se separava judicialmente, a situação dos filhos parece ter sido sempre bem encaminhada. É o que se pode perceber principalmente a partir dos processos pertencentes ao Tribunal de Justiça, que esclarecem melhor a posição da mulher e especialmente dos filhos menores, que tinham seus direitos assegurados nos casos de divórcio.

Lourenço Loureiro Trigo, em 1857, discorrendo sobre a questão, ressaltava que nessas circunstâncias (por sentença de Juízo Eclesiástico, ou qualquer outra forma, razão ou causa), ao pai cabia a obrigação de alimentos e educação dos filhos, desde que tivesse condições econômicas, incumbindo-se a mãe de criá-los de leite. Porém, se a mãe fosse rica e o pai pobre, a sua contribuição na parte competente ao pai podia ser determinada pelo Juiz de Órfãos (Trigo, 1857).

Segundo o mesmo autor, da tutela dos filhos ficava sempre encarregado o pai, com exceção daqueles ainda pequenos e em fase de amamentação. Percebemos mais tarde, pelos processos do final do século XIX, que a questão era geralmente decidida pelos cônjuges, nos casos de mútuo consentimento, e nem sempre todos os filhos ficavam sob a guarda do pai ou da mãe. Nas apelações litigiosas, a parte requerente reclamava sempre a tutela, apoiando-se na alegação de abandono do lar ou adultério, motivos que, também, em época anterior justificavam a tutoria da mulher.

No final do século XIX, aos filhos sob a guarda materna era concedida uma pensão mensal, sendo que não encontramos determinações explícitas sobre o assunto para o período anterior. O marido como provedor deveria continuar mantendo a mulher e os filhos que permanecessem em sua companhia. Nos casos em que não se efetuasse por parte do marido o cumprimento dos dispositivos legítimos, a mulher tinha o direito de apresentar um recurso legal, sendo a Justiça Civil encarregada sempre de corrigir as desigualdades surgidas na divisão dos bens do casal, mesmo que tivesse sido proposta pelos cônjuges.

Quanto à divisão dos bens, não percebemos no

A Família Brasileira

século XIX o que se poderia chamar de uma atitude "discriminativa" com relação à mulher. Ao contrário, exceto nos casos que envolviam problemas morais ou de costumes, geralmente ela aparece bem amparada, embora a sua situação de dependência seja uma constante pela própria natureza do papel social que lhe estava reservado e ao qual era esperado que se adequasse.

Percebemos, pelo exposto, que apesar da existência de garantias legais, os laços de dependência que determinavam a articulação familiar e social da mulher ainda são resistentes no século passado.

Não é evidente a discriminação com relação ao sexo feminino apenas em alguns níveis. Veja-se, por exemplo: nos casos de separação, a divisão de bens era sempre igualitária, desde que o casamento fosse legítimo, realizado por meação e sem a existência de qualquer pacto antenupcial que, de antemão, regularizasse a divisão do patrimônio.

Por outro lado, a mulher é colocada em situação de inferioridade pela própria natureza do papel social que lhe era reservado, o qual não lhe garantia a mesma igualdade nos casos de adultério e na questão da tutela dos filhos.

Mesmo assim, é interessante observar que mais mulheres moveram ações de divórcio que os elementos do sexo oposto, parecendo independer da camada social à qual pertenciam, e muitos casais se separaram mesmo quando não havia bens a dividir.

No entanto, estatisticamente o número de ações que transcorreram pelos Tribunais é pequeno se comparado aos casos nos quais a separação não se consumava legalmente.

Isto se explica em parte pela própria natureza da sociedade, pela resistência aos casamentos e proliferação dos concubinatos. A Igreja era outro sério obstáculo a ser enfrentado, pois a celebração do matrimônio como um sacramento tornava mais difícil a concessão do divórcio perpétuo.

Face a esses problemas era usual encontrarmos esposas que mesmo abandonadas pelos maridos viviam desamparadas, não procurando o divórcio por ignorância ou conformismo.

Aquelas que optavam por esse recurso o fizeram muitas vezes revelando a sua insatisfação perante o casamento e à condição de mulher, o que transparece mesmo nas argumentações mais lacônicas.

Esse tipo de comportamento se contrapõe ao estereótipo do papel feminino aceito para uma sociedade com valores tradicionais, onde se supunha a mulher com tão poucas alternativas.

As mulheres, nessa situação, muitas vezes trouxeram à tona o problema da sua opressão, revelando novas tendências nos padrões de comportamento feminino com relação ao casamento.

Entretanto, desconhecemos como a sociedade realmente assumia esse problema, ou seja, da absorção e aceitação social da mulher divorciada, já que os próprios juristas relutavam no final do século XIX em aceitar o divórcio.

Todos esses entraves somados provavelmente dificultaram as separações legais e devem ter reduzido o número de iniciativas, mas, mesmo assim, casais se separaram após longo tempo de vida em comum.

Por tudo isso, concluímos pela necessidade de estabelecer novos parâmetros para definir a situação da mulher na sociedade do passado, já que as queixas das esposas quanto às atitudes do marido, a não-aceitação do adultério, das sevícias e as próprias aspirações quanto ao casamento e à vida conjugal mostraram que nem sempre o comportamento feminino se amoldava aos padrões tradicionalmente apontados como válidos pela historiografia.

CONSIDERAÇÕES FINAIS

Sem dúvida, essas novas imagens apresentadas nos levam a compor um outro quadro da família brasileira que difere em muitos aspectos do modelo típico de família extensa.

Assim, agora fica difícil conceber que o conceito de "família patriarcal" possa ser aplicado nos diversos momentos da nossa história e para famílias dos diferentes grupos sociais. É o que têm demonstrado as pesquisas mais recentes, pois não apenas em São Paulo mas também em Minas Gerais são mais comuns as famílias com estruturas mais simples e menor número de integrantes. Tudo leva a concluir que o panorama se repete para outras áreas, mesmo se considerarmos aquelas ainda não pesquisadas.

Por outro lado, tal constatação não invalida a concepção de família patriarcal usada por Gilberto Freyre para caracterizar as encontradas nas áreas de lavoura canavieira do Nordeste durante o período

A Família Brasileira

Nem sempre o comportamento das esposas se amoldava aos padrões tradicionalmente aceitos.

colonial. Ficou claro, entretanto, que essa concepção não é aplicável de modo genérico às famílias brasileiras, especialmente àquelas do sul do país a partir da segunda metade do século XVIII.

No entanto, tal diferença não chegou a alterar sensivelmente as relações entre membros de uma mesma família e nem diminuiu a sua importância na sociedade. Assim como hoje em dia, a família nos séculos XVIII e XIX continuou a desempenhar um papel social de vital importância.

Essa ruptura na complexidade familiar que levou os pais a se separarem dos filhos casados, genros, noras, netos e mesmo dos parentes, não revive o mesmo ambiente da casa-grande, onde todos conviviam no cotidiano, mas, por outro lado, não representa uma perda para os laços de solidariedade. Guardadas as devidas proporções, à semelhança das parentelas típicas do período colonial, podemos dizer que persistiram nos séculos XVIII e XIX as obrigações mútuas entre indivíduos ligados por laços de sangue, parentesco fictício ou amizade.

É evidente, portanto, que a família patriarcal deixou na sociedade resquícios da sua organização, o que não significa que possa ser considerada ainda como o único modelo institucional e válido que sirva para caracterizar a família brasileira de modo geral. Assim, também perdem a eficácia vários outros conceitos ligados à mesma concepção de família.

Veja-se, por exemplo, a questão da ilegitimidade que somada a vários outros aspectos (concubinato, celibato e divórcio), já aqui amplamente discutidos, nos permitiu reavaliar os mitos da castidade e da submissão da mulher à autoridade do marido, aceitos plenamente dentro do modelo patriarcal.

Além disso, a família revela uma nova dinâmica nas relações marido-esposa, pois as queixas das mulheres quanto às atitudes dos maridos, à não-aceitação do adultério, das sevícias e as próprias aspirações quanto ao casamento e à vida conjugal tornaram claro que o comportamento feminino muitas vezes divergia do estereótipo da mulher dócil e submissa que vivia reclusa no lar.

A família, pelo que se pode perceber, é um tema apaixonante e complexo. No entanto, somente hoje em dia é que tem chamado a atenção dos estudiosos, pois a partir do momento que foi reconhecida a sua importância como instituição social fundamental para se entender a natureza das sociedades, uma análise mais apurada do problema tornou-se imprescindível. Por isso, ainda há muito o que pesquisar e desvendar nesse emaranhado de afirmações muitas vezes contraditórias.

INDICAÇÕES PARA LEITURA

Apesar da reconhecida importância da família brasileira, este tema foi pouco explorado pela historiografia. Por isso, fica difícil estabelecer uma relação de trabalhos que tratem de todos os aspectos abordados neste estudo.

Diante desta escassez de obras específicas, recorremos a uma bibliografia que apresentasse ao mesmo tempo os trabalhos clássicos sobre o assunto, alguns autores revisionistas, juristas contemporâneos e autores estrangeiros que estudaram a família em outras comunidades. Cabe ressaltar ainda que nem sempre as obras arroladas serão facilmente encontradas nas livrarias, devendo o leitor, desde que interessado, recorrer às bibliotecas especializadas.

Para as discussões referentes ao conceito de família patriarcal são importantes: Gilberto Freyre, *Casa Grande e Senzala: Formação da Família Brasileira sob o Regime da Economia Patriarcal*, 9.ª edição, Rio de Janeiro, José Olympio, 1977, 2 volumes; e também *Sobrados e Mucambos: Decadência do Patriarcado Rural e Desenvolvimento do Urbano*, 5ª edição, Rio de Janeiro, José Olympio, 1977, 2 volumes; Oliveira Vianna, *Populações Meridionais do Brasil*, São Paulo, Monteiro Lobato e Cia., 1920; *Evolução do Povo Brasileiro*, Monteiro Lobato e Cia., 1923; e *Instituições Políticas Brasileiras*, 3ª edição, Rio de Janeiro, Record, 1974, 2 volumes; Emílio Willems, "The Structure of the Brazilian Family", *Social Forces*, (31):339-345, 1973; Darrel E. Levi, *A Família Prado*, São Paulo, Cultura, 1977; Antônio Cândido, "The Brazilian Family", *in* T. Lynn Smith (ed.), *Brazil Portrait of Half a Continent*, Nova Iorque, Marchand General, 1951; Eni de Mesquita Samara, *A Estrutura da Família no Começo do Século XIX*, São Paulo, Museu da Casa Brasileira, Boletim nº 4, 1981; Maria Isaura Pereira de Queiroz, "Singularidades Sócio-Culturais do Desenvolvimento Brasileiro", *RIEB*, (16):63-81, 1975; e Iraci Del Nero da Costa, "A Estrutura Familiar e Domiciliária em Vila Rica no Alvorecer do Século XIX", *RIEB*, (19):17-34, 1977.

A respeito da cidade de São Paulo no século XIX deve-se recorrer a Maria Luiza Marcílio, *A Cidade de São Paulo*, São Paulo, Pioneira, 1974; Ernani da Silva Bruno, *História e Tradições da Cidade de São Paulo*, Rio de Janeiro, José Olympio, 1953, 3 volumes; e Alfredo Ellis Júnior, *Capítulos da História Social de São Paulo*, São Paulo, 1944. Para descrições da época são importantes os relatos de viajantes:

Auguste de Saint-Hilaire, *Viagem à Província de São Paulo*, São Paulo, Martins, USP, 1972; e Charles Expilly, *Mulheres e Costumes no Brasil*, São Paulo, Cia. Editora Nacional, 1935.

Sobre casamento e divórcio são poucos os estudos específicos: Maria Beatriz Nizza da Silva, "Sistema de Casamento no Brasil Colonial", *Ciência e Cultura*, São Paulo, volume 28; Eni de Mesquita Samara, "Casamento e Papéis Familiares em São Paulo no Século XIX", São Paulo, *Cadernos de Pesquisa*, (37):17-25, maio, 1981; D. Francisco Manoel de Mello, *Carta de Guia de Casados*, Coimbra, Oliveyra Impressor, 1747; e Alexandre Herculano, *Casamento Civil*, 4.ª edição, Rio de Janeiro, Livraria Francisco Alves, s/d. (edição original 1865). Sobre ilegitimidade é importante recorrer ao trabalho de Laima Mesgravis, *A Santa Casa de Misericórdia de São Paulo (1599-1884)*, São Paulo, Conselho Estadual de Cultura, 1976.

Para iniciar o entendimento das questões relativas ao feminismo e à posição da mulher na sociedade, ver: Helen B. Andelin, *Fascinating Womanhood*, Nova Iorque, Bantam Book, 1963; e Heleieth I. B. Saffioti, *A Mulher na Sociedade de Classes: Mito e Realidade*, Petrópolis, Vozes, 1976.

Dentre os autores estrangeiros que trataram da família são consideradas obras básicas: William J. Goode, *The Family*, Nova Jersey, Prentice-Hall Inc., Englewood-Cliffs, 1964; *Revolução Mundial e Padrões de Família*, trad. Leônidas Gontijo de Carvalho, São Paulo, Ed. Nacional, USP, 1969; e Peter

Laslett, *Household and Family in Past Time*, Londres, Cambridge University Press, 1972.

Para o exame da legislação referente à família no século XIX ver: Clóvis Bevilaqua, *Direito da Família*, Recife, Livraria Contemporânea, 1896; Lourenço Loureiro Trigo, *Instituições do Direito Civil Brasileiro*, 2.ª edição, Recife, Typographia Universal, 1857; e *Constituições Primeiras do Arcebispado da Bahia*, 2.ª edição, São Paulo, Typographia 2 de Dezembro, 1853.

Sobre a Autora

É professora de História do Brasil desde 1976, no Departamento de História da F. F. L. C. H. da Universidade de São Paulo, onde também se bacharelou (1970), obteve o título de mestre (1975) e de doutor (1980).

Além disso fez curso de pós-graduação na Universidade de Indiana (1974 e 1975). Ainda nos EUA fez seminários e conferências a convite da Universidade do Texas (1977).

Incentivada pela professora Maria Thereza Schorer Petrone (orientadora dos trabalhos de mestrado e doutorado), iniciou um estudo sobre os agregados, que veio a resultar na dissertação de mestrado e posteriormente numa tese de doutoramento sobre a família paulista no século XIX.

São vários os seus trabalhos relacionados com a família, dentre os quais se destacam:
— "Uma Contribuição ao Estudo da Estrutura Familiar em São Paulo durante o Período Colonial: a Família Agregada em Itu de 1780 a 1830", *Revista de História*, São Paulo, (105):33-45, 1976.
— "Casamento e Papéis Familiares em São Paulo no Século XIX", *Cadernos de Pesquisa*, São Paulo, (37):17-25, maio de 1981.
— *A Estrutura da Família Paulista no Começo do Século XIX*, Museu da Casa Brasileira, São Paulo, 1981.
— "O Dote na Sociedade Paulista do Século XIX: Legislação e Evidências", *Anais do Museu Paulista*, São Paulo, 1980/1981.

Caro leitor:
As opiniões expressas neste livro são as do autor, podem não ser as suas. Caso você ache que vale a pena escrever um outro livro sobre o mesmo tema, nós estamos dispostos a estudar sua publicação com o mesmo título como "segunda visão".

Coleção Primeiros Passos
Uma Enciclopédia Crítica

ABORTO
AÇÃO CULTURAL
ACUPUNTURA
ADMINISTRAÇÃO
ADOLESCÊNCIA
AGRICULTURA SUSTENTÁVEL
AIDS
AIDS - 2ª VISÃO
ALCOOLISMO
ALIENAÇÃO
ALQUIMIA
ANARQUISMO
ANGÚSTIA
APARTAÇÃO
ARQUITETURA
ARTE
ASSENTAMENTOS RURAIS
ASSESSORIA DE IMPRENSA
ASTROLOGIA
ASTRONOMIA
ATOR
AUTONOMIA OPERÁRIA
AVENTURA
BARALHO
BELEZA
BENZEÇÃO
BIBLIOTECA
BIOÉTICA
BOLSA DE VALORES
BRINQUEDO
BUDISMO
BUROCRACIA
CAPITAL
CAPITAL INTERNACIONAL
CAPITALISMO

CETICISMO
CIDADANIA
CIDADE
CIÊNCIAS COGNITIVAS
CINEMA
COMPUTADOR
COMUNICAÇÃO
COMUNICAÇÃO EMPRESARIAL
COMUNICAÇÃO RURAL
COMUNIDADE ECLESIAL
    DE BASE
COMUNIDADES ALTERNATIVAS
CONSTITUINTE
CONTO
CONTRACEPÇÃO
CONTRACULTURA
COOPERATIVISMO
CORPO
CORPOLATRIA
CRIANÇA
CRIME
CULTURA
CULTURA POPULAR
DARWINISMO
DEFESA DO CONSUMIDOR
DEMOCRACIA
DEPRESSÃO
DEPUTADO
DESENHO ANIMADO
DESIGN
DESOBEDIÊNCIA CIVIL
DIALÉTICA
DIPLOMACIA
DIREITO
DIREITO AUTORAL

Coleção Primeiros Passos
Uma Enciclopédia Crítica

DIREITOS DA PESSOA
DIREITOS HUMANOS
DOCUMENTAÇÃO
ECOLOGIA
EDITORA
EDUCAÇÃO
EDUCAÇÃO AMBIENTAL
EDUCAÇÃO FÍSICA
EMPREGOS E SALÁRIOS
EMPRESA
ENERGIA NUCLEAR
ENFERMAGEM
ENGENHARIA FLORESTAL
ESCOLHA PROFISSIONAL
ESCRITA FEMININA
ESPERANTO
ESPIRITISMO
ESPIRITISMO 2ª VISÃO
ESPORTE
ESTATÍSTICA
ESTRUTURA SINDICAL
ÉTICA
ETNOCENTRISMO
EXISTENCIALISMO
FAMÍLIA
FANZINE
FEMINISMO
FICÇÃO
FICÇÃO CIENTÍFICA
FILATELIA
FILOSOFIA
FILOSOFIA DA MENTE
FILOSOFIA MEDIEVAL
FÍSICA
FMI
FOLCLORE
FOME
FOTOGRAFIA
FUNCIONÁRIO PÚBLICO
FUTEBOL
GEOGRAFIA
GEOPOLÍTICA
GESTO MUSICAL
GOLPE DE ESTADO
GRAFFITI
GRAFOLOGIA
GREVE
GUERRA
HABEAS CORPUS
HERÓI
HIEROGLIFOS
HIPNOTISMO
HIST. EM QUADRINHOS
HISTÓRIA
HISTÓRIA DA CIÊNCIA
HISTÓRIA DAS MENTALIDADES
HOMEOPATIA
HOMOSSEXUALIDADE
I DEOLOGIA
IGREJA
IMAGINÁRIO
IMORALIDADE
IMPERIALISMO
INDÚSTRIA CULTURAL
INFLAÇÃO
INFORMÁTICA
INFORMÁTICA 2ª VISÃO
INTELECTUAIS
INTELIGÊNCIA ARTIFICIAL
IOGA

Coleção Primeiros Passos
Uma Enciclopédia Crítica

ISLAMISMO
JAZZ
JORNALISMO
JORNALISMO SINDICAL
JUDAÍSMO
JUSTIÇA
LAZER
LEGALIZAÇÃO DAS DROGAS
LEITURA
LESBIANISMO
LIBERDADE
LÍNGUA
LINGÜÍSTICA
LITERATURA INFANTIL
LITERATURA POPULAR
LIVRO-REPORTAGEM
LIXO
LOUCURA
MAGIA
MAIS-VALIA
MARKETING
MARKETING POLÍTICO
MARXISMO
MATERIALISMO DIALÉTICO
MEDICINA ALTERNATIVA
MEDICINA POPULAR
MEDICINA PREVENTIVA
MEIO AMBIENTE
MENOR
MÉTODO PAULO FREIRE
MITO
MORAL
MORTE
MULTINACIONAIS
MUSEU

MÚSICA
MÚSICA BRASILEIRA
MÚSICA SERTANEJA
NATUREZA
NAZISMO
NEGRITUDE
NEUROSE
NORDESTE BRASILEIRO
OCEANOGRAFIA
ONG
OPINIÃO PÚBLICA
ORIENTAÇÃO SEXUAL
PANTANAL
PARLAMENTARISMO
PARLAMENTARISMO MONÁRQUICO
PARTICIPAÇÃO
PARTICIPAÇÃO POLÍTICA
PEDAGOGIA
PENA DE MORTE
PÊNIS
PERIFERIA URBANA
PESSOAS DEFICIENTES
PODER
PODER LEGISLATIVO
PODER LOCAL
POLÍTICA
POLÍTICA CULTURAL
POLÍTICA EDUCACIONAL
POLÍTICA NUCLEAR
POLÍTICA SOCIAL
POLUIÇÃO QUÍMICA
PORNOGRAFIA
PÓS-MODERNO
POSITIVISMO
PREVENÇÃO DE DROGAS

Coleção Primeiros Passos
Uma Enciclopédia Crítica

PROGRAMAÇÃO
PROPAGANDA IDEOLÓGICA
PSICANÁLISE 2ª VISÃO
PSICODRAMA
PSICOLOGIA
PSICOLOGIA COMUNITÁRIA
PSICOLOGIA SOCIAL
PSICOTERAPIA
PSICOTERAPIA DE FAMÍLIA
PSIQUIATRIA ALTERNATIVA
PUNK
QUESTÃO AGRÁRIA
QUESTÃO DA DÍVIDA EXTERNA
QUÍMICA
RACISMO
RÁDIO EM ONDAS CURTAS
RADIOATIVIDADE
REALIDADE
RECESSÃO
RECURSOS HUMANOS
REFORMA AGRÁRIA
RELAÇÕES INTERNACIONAIS
REMÉDIO
RETÓRICA
REVOLUÇÃO
ROBÓTICA
ROCK
ROMANCE POLICIAL
SEGURANÇA DO TRABALHO
SEMIÓTICA
SERVIÇO SOCIAL
SINDICALISMO
SOCIOBIOLOGIA
SOCIOLOGIA
SOCIOLOGIA DO ESPORTE
STRESS
SUBDESENVOLVIMENTO
SUICÍDIO
SUPERSTIÇÃO
TABU
TARÔ
TAYLORISMO
TEATRO NO
TEATRO
TEATRO INFANTIL
TECNOLOGIA
TELENOVELA
TEORIA
TOXICOMANIA
TRABALHO
TRADUÇÃO
TRÂNSITO
TRANSPORTE URBANO
TROTSKISMO
UMBANDA
UNIVERSIDADE
URBANISMO
UTOPIA
VELHICE
VEREADOR
VÍDEO
VIOLÊNCIA
VIOLÊNCIA CONTRA A MULHER
VIOLÊNCIA URBANA
XADREZ
ZEN
ZOOLOGIA

IMPRESSÃO:

Santa Maria - RS - Fone/Fax: (55) 222.2050
www.pallotti.com.br
com filmes fornecidos